改訂第**4**版

事故防止のための
スポーツ器具の正しい使い方と
安全点検の手引き

企画編集・発行
一般社団法人日本スポーツ用品工業協会
公益財団法人日本スポーツ施設協会 施設用器具部会

発売元
株式会社体育施設出版

スポーツは、実際に「する人」、トップレベルの競技大会やプロスポーツの観戦などを「観る人」、指導者やボランティアといった「支える人」など、関わり方は様々です。スポーツ産業に携わる当協会としては、競技力の向上をはじめ、消費者が安心してスポーツに親しんでいただけるよう、スポーツ用品・用具（例えば、バスケットボール・バレーボール・卓球・サッカーなど）の正しく安全な使用方法をはじめ、スポーツの楽しみ方など様々な情報提供に努めております。スポーツ用品の安全・安心を担保・促進するための施策ならびに安全・安心に使用していただく方法を推進するため、経済産業省・消費者庁・公益財団法人日本スポーツ施設協会施設用器具部会などの関係スポーツ産業団体の協力を得て進めてまいりました。

さて、新型コロナウイルス感染症をきっかけに、消費者の志向も変化してきました。ランニングやフィットネスなど個人でできるスポーツを中心に、世界的に「健康」「スポーツ」の意識が高まっております。加えて、ゴルフやテニスといった屋外でできる非接触のスポーツも注目されており、今後は「アウトドア」をキーワードにスポーツの環境を考え、取り組んでいくことが重要であると考えております。

他方、少子高齢化による若年層、特に児童・生徒のスポーツ離れが進んでおり、体力の低下が懸念されております。また、学校やスポーツ施設においてバスケット装置・バレーボール支柱・卓球台などの点検・修理が行われておらず、児童・生徒による事故が多々発生しております。

このような環境におきまして、当協会は世界の壁に挑むトップ選手をはじめ、スポーツに親しむ一般消費者の競技力向上を後押しできるよう、そして安心してスポーツに勤しんでいただけるよう、スポーツ用品・用具の開発技術の向上はもとより、正しく使用していただくための情報提供について創意工夫を続けてまいります。さらに、スポーツ用品・用具による事故の発生を未然に防止できるよう多くの"場"で今回の「事故防止のためのスポーツ器具の正しい使い方と安全点検の手引き」が活用され、安全・安心な運営に少しでも寄与できれば、当協会の喜びとするところであります。

本書の出版にあたり、公益財団法人日本スポーツ施設協会施設用器具部会の関係者のご努力ならびにご協力いただきましたことを厚く御礼申し上げます。

一般社団法人日本スポーツ用品工業協会 会長 尾山 基

改訂第4版発刊にあたって

　当部会は、昭和58年よりスポーツ器具の安全基準づくりに着手、平成元年に「スポーツ器具の安全基準づくり検討委員会」を設置、平成5年に初版「事故防止のためのスポーツ器具の正しい使い方と安全点検の手引き」を発刊いたしました。その後も2回の改定を行い、学校体育関係者、公共・民間のスポーツ・運動施設関係者の必須の書として、幅広く活用いただいております。

　しかしながら、初版より約30年が経過し、スポーツ庁の発足、スポーツ基本計画の策定、Sport in Life推進、東京オリンピック・パラリンピックの開催、学校・スポーツ施設の老朽化、ストック適正化の重要性など、様々なスポーツ環境や社会情勢の変化から増補改訂の必要性が高まってまいりました。

　そのため、当部会の委員から構成される「専門委員会」を立ち上げ検討を重ね、この度、増補改訂版として第4版「事故防止のためのスポーツ器具の正しい使い方と安全点検の手引き」を発刊する運びとなりました。

　スポーツ器具の正しい使い方、定期点検と保全管理の最大の目的は、事故の未然防止、利用者の安全・安心の確保です。今なおスポーツ器具に関わる事故は多数発生しております。安全・安心にスポーツを楽しんでいただける器具・環境を提供するために、「器具の正しい使い方、点検と管理」の普及啓発・注意喚起の創意工夫を続けてまいります。今後も学校体育関係者、公共・民間のスポーツ・運動施設関係者の必須の書として、「事故防止のためのスポーツ器具の正しい使い方と安全点検の手引き」が幅広く活用され、スポーツ器具の事故の未然防止、利用者の安全・安心の確保に寄与できれば、当部会の喜びとする次第です。

　結びに、本書の改訂・発刊にあたり、公益財団法人日本スポーツ施設協会のご指導、一般社団法人日本スポーツ用品工業協会、株式会社体育施設出版のご支援・ご協力を賜り、厚く御礼申し上げます。

公益財団法人日本スポーツ施設協会 施設用器具部会 部会長　尾﨑　徹也

本協会は、令和3年4月1日から、法人名称を「公益財団法人日本スポーツ施設協会」に変更して新たなスタートを切りました。学校体育施設や社会体育施設という名称が存在する中ではありますが、本協会が「スポーツ基本法」に定める基本理念を踏まえ、国の施策に沿って事業展開を行っていくには、法人名称に「スポーツ」を使用することがふさわしいと判断したものです。

現在、スポーツ庁において「第3期スポーツ基本計画」の策定が進められており、第2期基本計画に掲げられた施策の進捗状況などの点検を踏まえて策定される5か年計画が、令和4年度からスタートします。引き続き「安全・安心で持続可能なスポーツ施設づくり」を目指して、わが国のスポーツ施設のハード面、ソフト面の向上に寄与するためのさまざまな取組みを継続的に行ってまいります。

本協会は、スポーツ施設に関する設計監理から、用器具、音響、照明、ICT、施設の維持管理・運営、保険に至るまで、それぞれの分野で、研究開発など業務を通じて蓄積された卓越したノウハウを持つ企業が集結した11の特別会員部会を有しており、協会にとって無くてはならない大変貴重な存在であります。

特に施設用器具部会においては、スポーツ用器具の製作・設置・維持管理に関する専門家集団であり、本協会が実施する「公認スポーツ施設管理士養成講習会」や「各都道府県体育・スポーツ施設研究協議会」、その他各種スポーツ用品関係団体主催の講習会等に講師の派遣を行うなど、器具・機材の適切な維持管理に関する調査研究や啓蒙活動を通じて、スポーツ用器具の安全性の向上に努めています。

同部会が発刊する本書『事故防止のためのスポーツ器具の正しい使い方と安全点検の手引き』は、これらの各種講習会等で広く活用されており、また、本協会が主催する表彰制度「スポーツファシリティーズ大賞」においても、本協会会長賞（第3回、器具・機材部門）を授賞しています。

この度、本書の改訂第4版の発刊にあたり、判型をA4判に拡大し、現状に沿って掲載器具の図を差し替えるなど追加・修正を加え、読者の皆さまがいっそうわかりやすく安心して器具を使用できるよう改善に努めております。

本書が地方公共団体、学校、民間団体、関係競技団体をはじめ、すべての体育・スポーツ施設関係者、施設利用者の方々に広く活用していただけますようご案内申し上げます。

公益財団法人日本スポーツ施設協会 専務理事　小菅 司

CONTENTS

※掲載削除品目について

　現在では全く使用されていないと判断できる製品、安全上の問題から撤去を促されている製品、スポーツ器具の範囲ではない製品などについては、今回の改訂にて掲載を除外いたしました。

屋外施設器具：テニス支柱 張索式、バレーボール用支柱 張索式、旗掲揚ポール
トレーニング器具：デジタルジャンプメーター、肺活量計、アイソメトリックラック
陸上器具：投てき囲い 固定式、グランドテント

屋内施設器具　　　　　　　　　　　　　1 INDOORS

屋外施設器具　　　　　　　　　　　　　2 OUTDOORS

トレーニング器具

陸上器具

遊器具

水上器具

解　説

1.品目の選定

　当施設用器具部会会員会社において製造・販売されている製品群の中で、点検の必要性が高くかつ誤使用の危険性（可能性）を含んでいるものを選定しております。

2.点検の難易度と誤使用の危険度

2-1.点検の難易度は、★の数で5段階に評価しております。

★★★★★	高度に専門的な技術及び点検具が必要である。
★★★★☆	専門的な技術を修得すれば、市販の点検具でも点検可能である。
★★★☆☆	専門的な技術は特に必要ないが、簡単な点検具が必要である。
★★☆☆☆	材料や構造の特性が理解できていれば、目視及び触感により異状の有無が判別できる。
★☆☆☆☆	目視及び触感により、異状の有無が容易に判別できる。

2-2.誤使用の危険度は、★の数で5段階に評価しております。

★★★★★	使用者が技量を超えて使用したり、誤った使用によっては生命の危険性がある。過去に死亡事故の例がある。
★★★★☆	操作及び使用の技術が容易でなく、誤った使用によっては傷害を受ける危険性がある。過去に傷害事故の頻度が高い。
★★★☆☆	操作及び使用の技術は容易であるが、誤った使用によっては特に初心者の場合に傷害を受ける可能性もある。過去に傷害事故が記録されている。
★★☆☆☆	機能及び構造が簡単であり、使用上の危険性が容易に判断できると同時に回避も可能である。過去に若干の傷害事故が記録されている。
★☆☆☆☆	機能及び構造が簡単で使用方法も容易であり、誤使用の可能性が少ない。過去に誤使用による傷害事故がほとんど記録されていない。

※器具を使用する際は、危険度にかかわらず必ず指導者並びに管理者のもとで使用すること。

3.標準耐用年数

　器具の耐久性は環境条件（海に近い地域で使用する場合の塩害や風・雨・雪などによる影響、日照時間や温度・湿度による影響）や使用条件によって大きく左右されます。

　この「事故防止のためのスポーツ器具の正しい使い方と安全点検の手引き」では、東京23区内の環境条件において、一般の学校体育に使用される平均的条件（使用方法・頻度）を想定して、ある年数が過ぎれば器具の初期強度、耐力が保持できなくなり、各部位の劣化が進行し、器具に起因する事故確率が前年度に比べて1.5倍になると想定される（分岐点の）年数を「標準耐用年数」として定義しています。

4.安全点検の時期と内容

　器具を使用する際は、製品に添付されている取扱説明書に従って正しく使用し、点検内容に基づいて日常点検を行なってください。安全点検の時期については、掲載されている「定期点検時期」及び「標準耐用年数」を参考として、定期的に専門業者による点検・部品交換を実施してください。

INDOORS

屋内施設器具

屋内施設器具

バスケット装置 吊下固定式

番号	名　称
①	バックボード
②	リング
③	フレーム
④	ワイヤ
⑤	回転部
⑥	滑車
⑦	固定金具

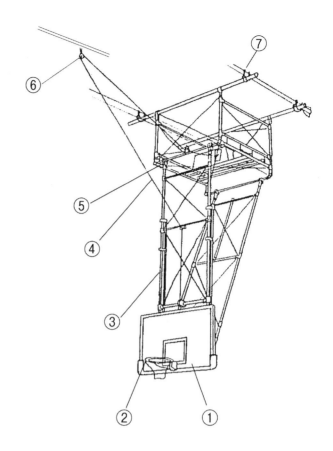

◯ 正しい使い方

(1) 所定の位置より吊り上げ過ぎると危険です。器具を見ながら静かに操作して下さい。

(2) 危険防止のためリング②、バックボード①、フレーム③等には絶対に登らないで下さい。

(3) 逆巻きにになると危険です。ワイヤ④を極端にたるませないで下さい。

(4) 電動吊り上げ式、手動吊り上げ式等色々な機種がありますので操作手順は取扱説明書に従って下さい。

(5) 管理者を定め適切な指導のもとで使用し、本来の目的以外に使用しないで下さい。

◯ 安全点検の時期と内容

点検箇所	点検内容	定期点検時期	標準耐用年数
バックボード(木板)	割れ、破損、そり、はがれ、変形等がないかを確認する	3ヵ月	5年
バックボード(透明板)	割れ、破損、そり、はがれ、変形等がないかを確認する	3ヵ月	7年
固定リング	曲り、破損、変形等がないかを確認する	3ヵ月	5年
プレッシャーリリースリング	曲り、破損、変形等がないかを確認する	3ヵ月	2年
フレーム、固定金具	曲り、変形、塗装部のはがれ、さび等がないかを確認する	6ヵ月	8年
吊り上げワイヤ	破損、摩耗、ささくれ等がないかを確認する	6ヵ月	2年
回転部	油ぎれ、摩耗、変形等がないかを確認する	6ヵ月	5年
滑車	油ぎれ、摩耗、変形等がないかを確認する	6ヵ月	2年
接合部	ボルト・ナットの緩み、破損、変形等がないかを確認する	6ヵ月	5年

※上記の点検内容にもとづいて日常点検をおこなって下さい。

※異状が確認された場合は直ちに使用を中止して、製造業者、または販売代理店にすみやかに連絡をとり、修理または交換等の適切な処置をして下さい。

◯ 維持管理について [専門業者によるメンテナンスを受けて下さい]

(1) 建物の小さな振動でボルト・ナット等は緩みます。専門業者によるメンテナンスを定期的に受けて下さい。

(2) 熱い電灯の近くに設置しないで下さい。バックボードが変形することがあります。

(3) 回転部には機械油を注油して下さい。

(4) 塗装部にはがれがあれば早期に補修塗装して下さい。

番号	名　称
①	バックボード
②	リング
③	フレーム
④	駆動部

バスケット装置 壁面固定式

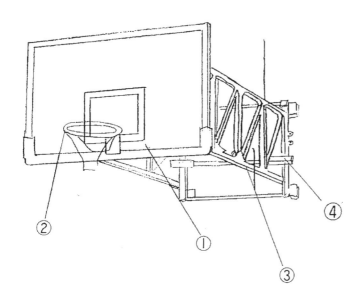

○ 正しい使い方

(1)繰り出しや収納のときは、器具を見ながら静かに操作して下さい。

(2)危険防止のためリング②、バックボード①、フレーム③等には絶対に登らないで下さい。

(3)チェーン式、クランクハンドル式、電動式等色々な機種がありますので操作手順は取扱説明書に従って下さい。

(4)管理者を定め適切な指導のもとで使用し、本来の目的以外に使用しないで下さい。

○ 誤った使い方の一例

(1)フレーム、バックボードなどにぶら下がることは、器具の破損など思いがけない事故が発生することがあり危険です。

○ 安全点検の時期と内容

点検箇所	点検内容	定期点検時期	標準耐用年数
バックボード(木板)	割れ、破損、そり、はがれ、変形等がないかを確認する	3ヵ月	5年
バックボード(透明板)	割れ、破損、そり、はがれ、変形等がないかを確認する	3ヵ月	7年
固定リング	曲り、破損、変形等がないかを確認する	3ヵ月	5年
プレッシャーリリースリング	曲り、破損、変形等がないかを確認する	3ヵ月	2年
フレーム	曲り、変形、塗装部のはがれ、さび等がないかを確認する	6ヵ月	8年
回転部	油ぎれ、摩耗、変形等がないかを確認する	6ヵ月	5年
接合部	ボルト・ナットの緩み、破損、変形等がないかを確認する	3ヵ月	5年

※上記の点検内容にもとづいて日常点検をおこなって下さい。

※異状が確認された場合は直ちに使用を中止して、製造業者、または販売代理店にすみやかに連絡をとり、修理または交換等の適切な処置をして下さい。

○ 維持管理について [専門業者によるメンテナンスを受けて下さい]

(1)建物の小さな振動でボルト・ナット等は緩みます。専門業者によるメンテナンスを定期的に受けて下さい。

(2)熱い電灯の近くに設置しないで下さい。バックボードが変形することがあります。

(3)回転部には機械油を注油して下さい。

(4)塗装部にはがれがあれば早期に補修塗装して下さい。

バスケット台 移動式（電動収納式・手動収納式・固定式）

番号	名　称
①	リング
②	バックボード
③	アーム
④	支柱
⑤	土台
⑥	ストッパー
⑦	車輪
⑧	重錘（おもり）
⑨	防護マット
⑩	油圧ユニット　アクチュエーター　スプリング

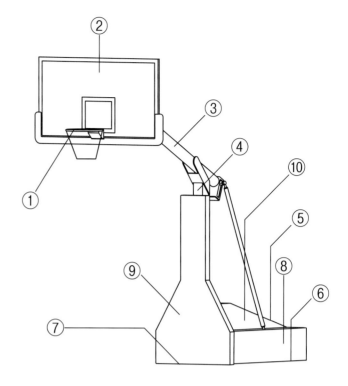

○ 正しい使い方

(1) 移動時には、バックボード②の先端は持たないで下さい。

(2) 器具庫からの出し入れのとき、破損防止のため扉や壁に当てないように、また移動時、車輪⑦や土台⑤とのすきまに足をはさまないように注意して下さい。特に、本体と壁等の間にはさまれないように十分注意して下さい。

(3) 転倒防止のため平たんな正しい位置に設置して下さい。

(4) 危険防止のため支柱④やアーム③等には、絶対に登ったり、ぶらさがったりしないで下さい。

(5) 管理者を定め適切な指導のもとで使用し、本来の目的以外に使用しないで下さい。

○ 誤った使い方の一例

(1) フレーム、バックボードなどにぶら下がることは、器具の転倒など思いがけない事故につながることがあります。

○ 安全点検の時期と内容

点検箇所	点検内容	定期点検時期	標準耐用年数
固定リング	曲り、破損、変形等がないかを確認する	3ヵ月	5年
プレッシャーリリースリング	曲り、破損、変形等がないかを確認する	3ヵ月	2年
バックボード（木板）	割れ、破損、そり、はがれ、変形等がないかを確認する	3ヵ月	5年
バックボード（透明板）	割れ、破損、そり、はがれ、変形等がないかを確認する	3ヵ月	7年
土台、支柱、アーム	曲り、変形、塗装のはがれ、さび等がないかを確認する	3ヵ月	7年
車輪、ストッパー	摩耗、破損、はがれ等がないかを確認する	6ヵ月	2年
接合部	ボルト・ナットの緩み、破損、変形等がないかを確認する	3ヵ月	2年
回転部	油ぎれ、摩耗、変形等がないかを確認する	1ヵ月	2年
防護マット	破損、はがれ、破れ等がないかを確認する	3ヵ月	2年
油圧ユニット	油もれ、オイルの汚れ等がないかを確認する	6ヵ月	2年

※上記の点検内容にもとづいて日常点検をおこなって下さい。

※異状が確認された場合は直ちに使用を中止して、製造業者、または販売代理店にすみやかに連絡をとり、修理または交換等の適切な処置をして下さい。

○ 維持管理について ［専門業者によるメンテナンスを受けて下さい］

(1) 直射日光の当たらない、湿気の少ない場所に保管して下さい。

(2) バスケット台には角のとがったもの及び重量物は載せないで下さい。

(3) 気温の変化の著しい場所には保管しないで下さい。

(4) 回転部には機械油を注油して下さい。

(5) 塗装部にはがれがあれば早期に補修塗装して下さい。

(6) 油圧式の場合は1年毎にオイルを交換して下さい。

バックボード上下調節装置

番号	名 称
①	バックボード
②	リング
③	フック
④	駆動部
⑤	フレーム

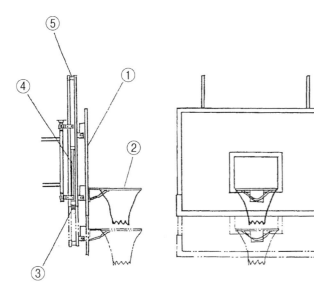

◯ 正しい使い方

(1) リング②の高さ調節は、操作ハンドルを正しくフック③に掛けて回して下さい。また高さはメジャーで測りながらおこなって下さい。

(2) 危険防止のためリング②、バックボード①、フレーム⑤等には絶対に登らないで下さい。

(3) 危険防止のためフック③に操作ハンドルをかけたまま、それにぶら下がらないで下さい。また操作ハンドルを使用後は速やかにフック③からはずして器具庫等に収納して下さい。

(4) 管理者を定め適切な指導のもとで使用し、本来の目的以外に使用しないで下さい。

◯ 安全点検の時期と内容

点検箇所	点検内容	定期点検時期	標準耐用年数
バックボード(木板)	割れ、破損、そり、はがれ、変形等がないかを確認する	3ヵ月	5年
バックボード(透明板)	割れ、破損、そり、はがれ、変形等がないかを確認する	3ヵ月	7年
固定リング	曲り、破損、変形等がないかを確認する	3ヵ月	5年
プレッシャーリリースリング	曲り、破損、変形等がないかを確認する	3ヵ月	2年
回転部	油ぎれ、摩耗、変形等がないかを確認する	6ヵ月	5年
接合部	ボルト・ナットの緩み、破損、変形等がないかを確認する	6ヵ月	5年
フレーム	曲り、変形、塗装部のはがれ、さび等がないかを確認する	6ヵ月	8年

※上記の点検内容にもとづいて日常点検をおこなって下さい。

※異状が確認された場合は直ちに使用を中止して、製造業者、または販売代理店にすみやかに連絡をとり、修理または交換等の適切な処置をして下さい。

◯ 維持管理について [専門業者によるメンテナンスを受けて下さい]

(1) 建物の小さな振動でボルト・ナット等は緩みます。専門業者によるメンテナンスを定期的に受けて下さい。

(2) 熱い電灯の近くに設置しないで下さい。バックボードが変形することがあります。

(3) 回転部には機械油を注油して下さい。

(4) 塗装部にはがれがあれば早期に補修塗装して下さい。

バレーボール用支柱

屋 内 施 設 器 具

点検の難易度／★★☆☆☆
誤使用の危険度／★★★☆☆

番号	名　称
①	滑車・滑車軸
②	支柱（中支柱、外支柱）
③	ピン式高さ調節装置
④	ハンドル式高さ調節装置
⑤	ネット巻き
⑥	ハンドル
⑦	床金具

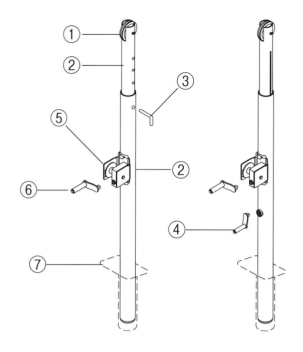

○ 正しい使い方

(1)支柱②を床金具⑦に設置する時は、床金具付近で一度立ててから落下させないようにゆっくり挿入して下さい。

(2)床金具⑦の中に異物等が入っていないかを確認してから支柱②を入れて下さい。

(3)支柱の高さを調節してからネットを張って使用して下さい。

(4)ネットを張った状態での高さ調節はしないで下さい。

(5)ワイヤーコードの掛け外しのときは、ネット巻きの扱いに十分注意して下さい。

(6)ネットをはずす時は、ゆっくりとはずして下さい。

(7)支柱を移動、収納する際は、支柱の高さを最も低くして下さい。

(8)管理者を定め適切な指導のもとで使用し、本来の目的以外に使用しないで下さい。

○ 誤った使い方の一例

(1)足を使ってハンドルを回すなど設定以上の負荷を加えると、支柱の変形、ネット巻きの破損やズレなど思いがけない事故が発生することがあり危険です。

(2)ネットを張ったまま支柱を上げることは、支柱の変形、ワイヤーコードの破断、ネット巻きの破損やズレなど思いがけない事故が発生することがあり危険です。

(3)支柱は同一メーカー、同一セットであることを確認の上お使い下さい。支柱は別メーカーや別セットで使用すると、思いがけない事故が発生することがあり危険です。

(4)支柱の左右を異なる高さで使用するとワイヤーコードを張った際、支柱に掛かる力が均一にならず思いがけない重大な事故につながることがあります。

○ 安全点検の時期と内容

点検箇所	点検内容	定期点検時期	標準耐用年数
滑車・滑車軸	変形、摩耗及びボルト・ナットの緩み等がないかを確認する 滑車が回転すること、およびがたつきがないかを確認する	3ヵ月	2年
支柱	変形、曲がり等がないかを確認する 上下の時、異状な抵抗、異常音がないかを確認する	3ヵ月	2年
高さ調節金具	変形、破損等がないかを確認する	3ヵ月	3年
ネット巻き	摩耗、破損、異常音等が発生していないか、ずれないかを確認する	3ヵ月	2年
床金具	ぐらつき、破損、変形等がないかを確認する	6ヵ月	5年

※上記の点検内容にもとづいて日常点検をおこなって下さい。

※異状が確認された場合は直ちに使用を中止しく、製造業者、または販売代理店にすみやかに連絡をとり、修理または交換等の適切な処置をして下さい。

○ 維持管理について［ 専門業者によるメンテナンスを受けて下さい ］

(1)ネット巻き及び滑車等可動部分には、定期的に注油して下さい。

(2)巻き取りハンドルは失くさないようにして下さい。

(3)使用後は支柱の高さを最低にして保管して下さい。

(4)塗装部にはがれがあれば早期に補修塗装して下さい。

点検の難易度／★☆☆☆☆
誤使用の危険度／★☆☆☆☆

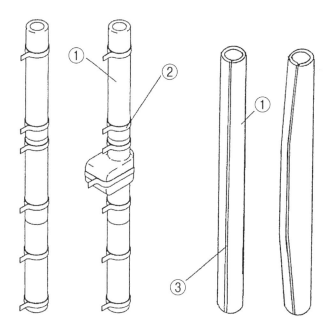

番号	名　称
①	表皮
②	固定バンド
③	ファスナー

◯ 正しい使い方

(1) 固定バンド②でしっかりとバレー支柱に固定して使用して下さい。

(2) 管理者を定め適切な指導のもとで使用し、本来の目的以外に使用しないで下さい。

◯ 安全点検の時期と内容

点検箇所	点検内容	定期点検時期	標準耐用年数
表皮、ファスナー	はがれ、緩み、摩耗等がないかを確認する	6ヵ月	3年
固定バンド	き裂、破損、破れ等がないかを確認する	6ヵ月	3年

※上記の点検内容にもとづいて日常点検をおこなって下さい。

※異状が確認された場合は直ちに使用を中止して、製造業者、または販売代理店にすみやかに連絡をとり、修理または交換等の適切な処置
　をして下さい。

◯ 維持管理について ［専門業者によるメンテナンスを受けて下さい］

(1) 直射日光の当たらない、湿気の少ない場所に保管して下さい。

(2) 使用後は必ず汗や水を拭きとって保管して下さい。

バレー支柱用防護パッド

バレーボールネット

番号	名　称
①	ネット
②	ワイヤーコード
③	サイドカバー
④	白帯
⑤	取り付けロープ
⑥	サイドロープ
⑦	サイドベルト
⑧	アンテナ

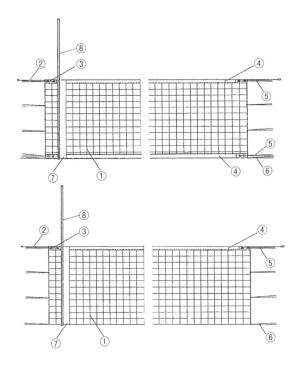

◯ 正しい使い方

(1) バレーネットを支柱間に張りロープ⑤⑥で調整して取り付けて下さい。サイドベルト⑦がサイドライン上垂直になるように取り付け、アンテナ⑧をサイドラインのわきに垂直になるように取り付けます。

(2) 危険防止のためネットサイドと支柱との間をくぐり抜けたりしないで下さい。

(3) 管理者を定め適切な指導のもとで使用し、本来の目的以外に使用しないで下さい。

◯ 誤った使い方の一例

(1) ネットにぶら下がることは、ワイヤーコードやネットの破損など思いがけない事故が発生することがあり危険です。

(2) ワイヤーコードを支柱の滑車にかけないで使用することは、ワイヤーコードの破損など思いがけない事故が発生することがあり危険です。

(3) 破断したワイヤーコードを結ぶなど、切れたワイヤーコード同士をつないで使わないで下さい。

(4) ワイヤーコードに著しい折れや曲がりがある状態で使い続けると破断する場合があり思いがけない事故につながることがあります。

◯ 安全点検の時期と内容

点検箇所	点検内容	定期点検時期	標準耐用年数
ワイヤーコード	摩耗、ささくれ、さび、変形等がないかを確認する	3ヵ月	2年
白帯、サイドベルト	破れ等がないかを確認する	3ヵ月	1年
ネット	ほつれ、変形、破損等がないかを確認する	3ヵ月	1年
アンテナ	摩耗、破損、そり、変形等がないかを確認する	6ヵ月	2年

※上記の点検内容にもとづいて日常点検をおこなって下さい。

※異状が確認された場合は直ちに使用を中止して、製造業者、または販売代理店にすみやかに連絡をとり、修理または交換等の適切な処置をして下さい。

◯ 維持管理について [専門業者によるメンテナンスを受けて下さい]

(1) 直射日光の当たらない、湿気の少ない場所に保管して下さい。

(2) 使用後は必ず支柱から取りはずし保管して下さい。

(3) ワイヤーコードの取扱いには特に注意し無理に折り曲げないで下さい。

点検の難易度／★★☆☆☆
誤使用の危険度／★★★★★

卓球台 組立式・セパレート式・折畳式

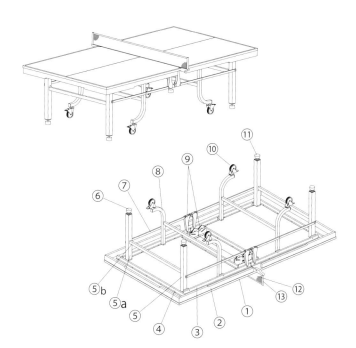

番号	名 称
①	天板
②	縁桟
③	側枠
④	横枠
⑤	外脚
⑤a	脚柱
⑤b	横桟
⑥	水平調節器
⑦	連結杆
⑧	内脚
⑨	蝶番
⑩	キャスター
⑪	端具
⑫	ネット
⑬	サポート

○ 正しい使い方

(1)器具が組立式の場合、組立取扱説明書に従い正しくセットして下さい。

(2)器具庫からの出し入れの時は、扉や壁に当てないよう、また扉の床面レール等の凹凸の上はゆっくり移動するなど、乱暴な取扱いはしないで下さい。

(3)器具の開閉は同じ体力の大人2人でタイミングを合わせておこなって下さい。

(4)器具は平たんな床面へがたつきのないように安定させ設置して下さい。

(5)使用中に天板①の板面や角部にラケット等を当てないで下さい。

(6)天板①に乗ったり、重い物を載せたりしないで下さい。

(7)ネット⑫は正しく設置して下さい。

(8)使用時ストッパーのある卓球台では、必ず使用時ストッパーを使用して下さい。

(9)管理者を定め適切な指導のもとで使用し、本来の目的以外に使用しないで下さい。

○ 誤った使い方の一例

(1)不安定な状態での保管や移動の際には、転倒など思いがけない事故が発生することがあり危険です。

(2)乗り物や遊び道具として使用することは、転倒や挟まれるなど思いがけない事故につながることがあります。

○ 安全点検の時期と内容

点検箇所	点検内容	定期点検時期	標準耐用年数
天板、縁桟	ひび割れ、そり、欠け、ささくれ等がないかを確認する	3ヵ月	2年
脚、側枠	曲り、ゆがみ等の変形、溶接箇所に異状がないかを確認する	6ヵ月	7年
接合部	ボルト・ナットの緩み、脱落等がないかを確認する	6ヵ月	7年
溶接部	き裂、変形等がないかを確認する	6ヵ月	7年
蝶番、金具	曲り、ゆがみ等の変形、回転部の摩耗、異常音等がないかを確認する	6ヵ月	5年
キャスター水平調節器	曲り、ゆがみ等の変形、摩耗、異常音等がないかを確認する　脚とキャスターを固定しているボルト・ナットに緩みがないかを確認する	3ヵ月	2年
端具	脱落、損傷等がないかを確認する。	6ヵ月	2年
ネット	変形、破損、ほつれ等がないかを確認する	3ヵ月	1年

※上記の点検内容にもとづいて日常点検をおこなって下さい。

※異状が確認された場合は直ちに使用を中止して、製造業者、または販売代理店にすみやかに連絡をとり、修理または交換等の適切な処置をして下さい。

○ 維持管理について [専門業者によるメンテナンスを受けて下さい]

(1)直射日光の当たらない、湿気の少ない場所に保管して下さい。

(2)天板の上に物を載せないで下さい。

(3)カバーがあれば使用して下さい。

(4)塗装部にはがれがあれば早期に補修塗装して下さい。

バドミントン用支柱

番号	名　称
①	滑車・キャップ
②	支柱(内・外管)
③	ネット張り金具
④	重錘(おもり)
⑤	移動用車輪
⑥	床金具

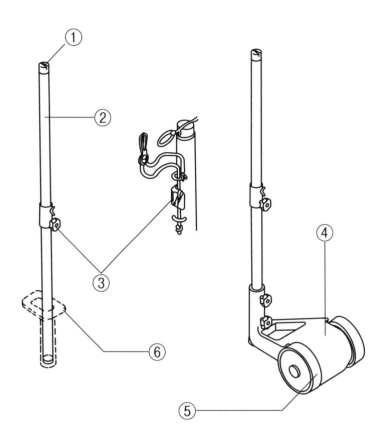

◯ 正しい使い方

(1)差し込み式支柱②を床金具⑥に設置する時は、落下させないようにゆっくり挿入して下さい。

(2)床金具⑥の中に異物等が入っていないかを確認してから支柱②を入れて下さい。

(3)ウェイト式支柱を移動する時は、重量物ですので足もと等に十分注意して下さい。

(4)ネットの張り紐を支柱頭部の滑車・キャップの溝にしっかりと装着し、脱落していないことを確認の上使用して下さい。

(5)管理者を定め適切な指導のもとで使用し、本来の目的以外に使用しないで下さい。

◯ 誤った使い方の一例

(1)ネットの張り紐を緩める際にスライド式ネット張り具を一気に解放すると、ネット張り具が一気に上方へズレ上がることがあり思いがけない事故が発生することがあり危険です。

◯ 安全点検の時期と内容

点検箇所	点検内容	定期点検時期	標準耐用年数
滑車・キャップ	変形、摩耗及びボルト・ナットの緩み等がないかを確認する	3ヵ月	3年
支柱	破損、変形等がないかを確認する	3ヵ月	5年
ネット張り金具 (スライド式、クリート式)	破損、変形、摩耗等がないかを確認する	3ヵ月	5年
移動用車輪	タイヤの摩耗、破損、変形等がないかを確認する	6ヵ月	3年
床金具	ぐらつき、破損、変形等がないかを確認する	6ヵ月	5年

※上記の点検内容にもとづいて日常点検をおこなって下さい。

※異状が確認された場合は直ちに使用を中止して、製造業者、または販売代理店にすみやかに連絡をとり、修理または交換等の適切な処置をして下さい。

◯ 維持管理について [専門業者によるメンテナンスを受けて下さい]

(1)塗装部にはがれがあれば早期に補修塗装して下さい。

(2)移動式車輪には定期的に注油して下さい。

(3)滑車等可動部分には定期的に注油して下さい。

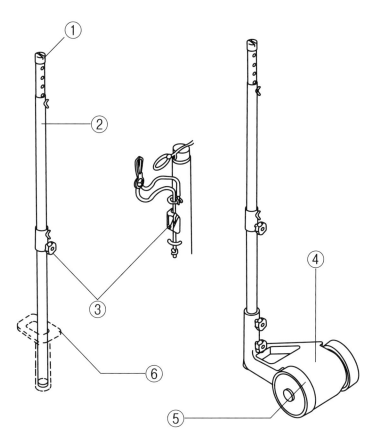

番号	名　称
①	滑車・キャップ
②	支柱（内・外管）
③	ネット張り金具
④	重錘（おもり）
⑤	移動用車輪
⑥	床金具

ソフトバレーボール兼用多目的支柱

○ 正しい使い方

(1)差し込み式支柱②を床金具⑥に設置する時は、落下させないようにゆっくり挿入して下さい。

(2)床金具⑥の中に異物等が入っていないかを確認してから支柱②を入れて下さい。

(3)ウェイト式支柱を移動する時は、重量物ですので足もと等に十分に注意して下さい。

(4)ネットの張り紐を支柱頭部の滑車・キャップの溝にしっかりと装着し、脱落していないことを確認の上使用して下さい。

(5)支柱の高さを調節してからネットを張って使用して下さい。

(6)管理者を定め適切な指導のもとで使用し、本来の目的以外には使用しないで下さい。

○ 誤った使い方の一例

(1)ネットの張り紐を緩める際にスライド式ネット張り具を一気に解放すると、ネット張り具が一気に上方へズレ上がることがあり思いがけない事故が発生することがあり危険です。

○ 安全点検の時期と内容

点検箇所	点検内容	定期点検時期	標準耐用年数
滑車・キャップ	変形、摩耗及びボルト・ナットの緩み等がないかを確認する	3ヵ月	3年
支柱（内・外管）	破損、変形などがないかを確認する	3ヵ月	5年
ネット張り金具 （スライド式、クリート式）	破損、変形、摩耗がないかを確認する	3ヵ月	5年
移動用車輪	タイヤの摩耗、破損、変形がないかを確認する	6ヵ月	3年
床金具	ぐらつき、破損、変形等がないかを確認する	6ヵ月	5年

※上記の点検内容にもとづいて日常点検をおこなって下さい。

※異状が確認された場合は直ちに使用を中止して、製造業者、または販売代理店にすみやかに連絡をとり、修理または交換等の適切な処置をして下さい。

○ 維持管理について [専門業者によるメンテナンスを受けて下さい]

(1) 塗装部にはがれがあれば早期に補修塗装して下さい。

(2) 移動式車輪には定期的に注油して下さい。

(3) 滑車等可動部分には定期的に注油して下さい。

点検の難易度／★★☆☆☆
誤使用の危険度／★★★☆☆

番号	名　称
①	滑車・キャップ
②	支柱
③	固定金具
④	調節金具
⑤	床金具

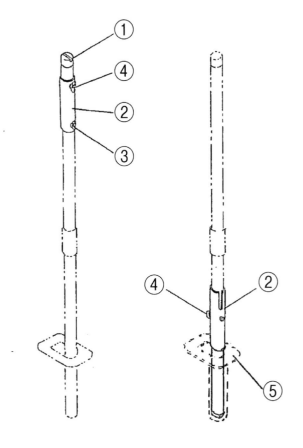

○ 正しい使い方

(1) バドミントン支柱に取り付ける時は、しっかり固定して下さい。

(2) 下部差し込み型を床金具に設置する時は、床金具⑤の中に異物等が入っていないかを確認してから支柱を入れて下さい。

(3) ネットの張り紐を支柱頭部の滑車・キャップの溝にしっかりと装着し、脱落していないことを確認の上使用して下さい。

(4) 管理者を定め適切な指導のもとで使用し、本来の目的以外に使用しないで下さい。

○ 安全点検の時期と内容

点検箇所	点検内容	定期点検時期	標準耐用年数
滑車・キャップ	変形、摩耗及びボルト・ナットの緩み等がないかを確認する	3ヵ月	3年
支柱	破損、変形等がないかを確認する	3ヵ月	5年
固定・調節金具	破損、変形等がないかを確認する	3ヵ月	5年
床金具	ぐらつき、破損、変形等がないかを確認する	6ヵ月	5年

※上記の点検内容にもとづいて日常点検をおこなって下さい。

※異状が確認された場合は直ちに使用を中止して、製造業者、または販売代理店にすみやかに連絡をとり、修理または交換等の適切な処置をして下さい。

○ 維持管理について［専門業者によるメンテナンスを受けて下さい］

(1) 塗装部にはがれがあれば早期に補修塗装して下さい。

(2) 滑車等可動部分には定期的に注油して下さい。

ソフトバレーボール兼用多目的補助支柱

テニス用支柱

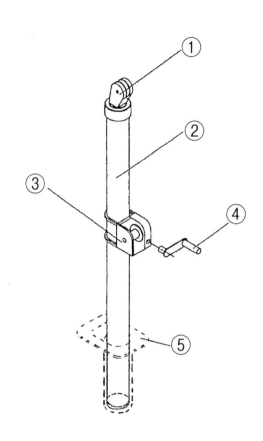

番号	名　称
①	滑車・滑車軸
②	支柱
③	ネット巻き
④	ハンドル
⑤	床金具

◯ 正しい使い方

(1)支柱②を床金具⑤に設置する時は、床金具付近で一度立ててから落下させないようにゆっくり挿入して下さい。

(2)床金具⑤の中に異物等が入っていないかを確認してから支柱②を入れて下さい。

(3)ワイヤーコードの掛け外しの時は、ネット巻き③の扱いには十分注意して下さい。

(4)管理者を定め適切な指導のもとで使用し、本来の目的以外に使用しないで下さい。

◯ 誤った使い方の一例

(1)足を使ってハンドルを回すなど設定以上の負荷を加えると、支柱の変形、ネット巻きの破損やズレなど思いがけない事故が発生することがあり危険です。

◯ 安全点検の時期と内容

点検箇所	点検内容	定期点検時期	標準耐用年数
滑車・滑車軸	変形、摩耗及びボルト・ナットの緩み等がないかを確認する	3ヵ月	2年
支柱	変形、曲り等がないかを確認する	3ヵ月	3年
ネット巻き	摩耗、破損、異常音等が発生していないか、ずれないかを確認する	3ヵ月	2年
床金具	ぐらつき、破損、変形等がないかを確認する	6ヵ月	5年

※上記の点検内容にもとづいて日常点検をおこなって下さい。

※異状が確認された場合は直ちに使用を中止して、製造業者、または販売代理店にすみやかに連絡をとり、修理または交換等の適切な処置をして下さい。

◯ 維持管理について [専門業者によるメンテナンスを受けて下さい]

(1)ネット巻き及び滑車等可動部分には定期的に注油して下さい。

(2)巻き取りハンドルは失くさないようにして下さい。

(3)塗装部にはがれがあれば早期に補修塗装して下さい。

フリーテニス用具

番号	名　称
①	白帯
②	滑車
③	ネットひも
④	支柱
⑤	土台
⑥	取り付けロープ
⑦	ベース
⑧	ネット
⑨	ボール
⑩	ラケット

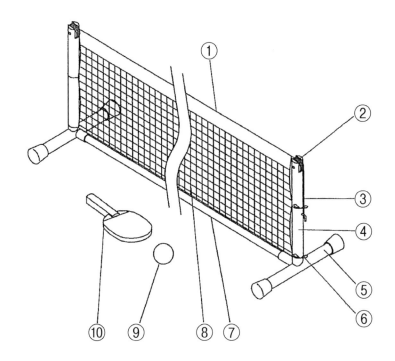

○ 正しい使い方

(1)危険防止のため組立は適切な指導にしたがっておこなって下さい。

(2)移動する際にはネット⑧を取り外し、十分保持できる人数でおこなって下さい。

(3)ネット⑧はネットひも③を滑車②に確実にかけて固定し、取り付けロープ⑥で支柱④に固定して下さい。

(4)危険防止のため、ネット⑧を越えたり、くぐり抜けたりしないで下さい。

(5)ラケット⑩でコンクリート等のかたい物、ボール⑨以外の物をたたかないで下さい。

(6)ラケット⑩を使用する際は、周囲に人がいないかなどを十分確認して下さい。

(7)管理者を定め適切な指導のもとで使用し、本来の目的以外に使用しないで下さい。

○ 安全点検の時期と内容

点検箇所	点検内容	定期点検時期	標準耐用年数
滑車	破損、変形、さび等がないかを確認する	３ヵ月	２年
支柱、土台、ベース	破損、変形、さび等がないかを確認する	３ヵ月	２年
ネット	ほつれ、変形、破損等がないかを確認する	３ヵ月	１年
ネットひも、取り付けロープ	ほつれ、摩耗等がないかを確認する	３ヵ月	１年
白帯	破れ等がないかを確認する	３ヵ月	１年
ラケット	ひび割れ、そり、欠け、ささくれ等がないかを確認する	使用毎	２年

※上記の点検内容にもとづいて日常点検をおこなって下さい。

※異状が確認された場合は直ちに使用を中止して、製造業者、または販売代理店にすみやかに連絡をとり、修理または交換等の適切な処置をして下さい。

○ 維持管理について［専門業者によるメンテナンスを受けて下さい］

(1)塗装部にはがれがあれば早期に補修塗装して下さい。

(2)直射日光の当たらない、湿気の少ない場所に保管して下さい。

(3)ネットは使用後必ず取り外して保管して下さい。

点検の難易度／★★☆☆☆
誤使用の危険度／★★★★★

番号	名　称
①	ゴールポスト
②	クロスバー
③	ネット支持具
④	ネットフック
⑤	支持枠
⑥	後部フレーム
⑦	重錘(おもり)
⑧	土台フレーム
⑨	ネット
⑩	固定具

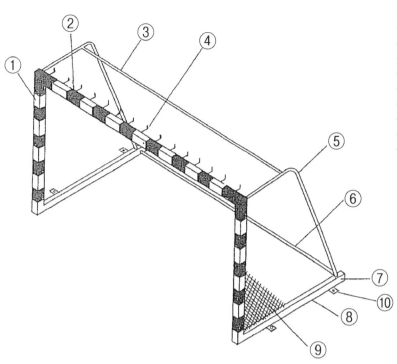

ハンドボールゴール 屋内用

◯ 正しい使い方

(1)器具庫からの出し入れのとき、扉や壁に当てないように管理者の指導のもとで安全に行なって下さい。

(2)器具は平たんな床面の正しい位置へがたつきのないように設置し、固定具⑩等の固定装置がある場合は確実に取り付けして下さい。

(3)クロスバー②やネット支持具③にぶらさがったり登ったり、寄りかかったりなどしないで下さい。

(4)管理者を定め適切な指導のもとで使用し、本来の目的以外に使用しないで下さい。

◯ 誤った使い方の一例

(1)クロスバーにぶら下がることは、ゴールの下敷きになるなど思いがけない事故が発生することがあり危険です。

◯ 安全点検の時期と内容

点検箇所	点検内容	定期点検時期	標準耐用年数
枠材(土台・支柱・枠)	曲り、割れ、ささくれ、さび等ないかを確認する	6ヵ月	7年
ネットフック	折れたり、曲がったりしていないかを確認する	3ヵ月	5年
ネット	変形、破損、ほつれ等がないかを確認する	3ヵ月	2年
接続金具	変形、ひび、さび等ないかを確認する	6ヵ月	5年
接合部	ボルト・ナットの緩みがないかを確認する	6ヵ月	5年
溶接部	き裂、変形等がないかを確認する	6ヵ月	5年
固定具	ぐらつき、破損、変形等がないかを確認する	6ヵ月	5年

※上記の点検内容にもとづいて日常点検をおこなって下さい。

※異状が確認された場合は直ちに使用を中止して、製造業者、または販売代理店にすみやかに連絡をとり、修理または交換等の適切な処置をして下さい。

◯ 維持管理について [専門業者によるメンテナンスを受けて下さい]

(1)湿気の多い所や直射日光の当たる場所には保管しないで下さい。

(2)平たんな床面の上に保管して下さい。

(3)クロスバーやネット支持具等に物を載せたり、掛けたりしないで下さい。

(4)塗装部にはがれがあれば早期に補修塗装して下さい。

フットサルゴール 屋内用

番号	名　称
①	ゴールポスト
②	クロスバー
③	ネット支持具
④	ネットフック
⑤	支持枠
⑥	後部フレーム
⑦	重錘（おもり）
⑧	土台フレーム
⑨	ネット
⑩	固定具

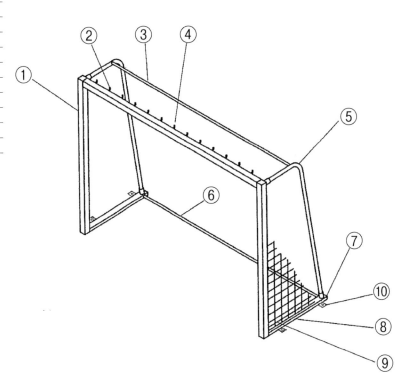

◯ 正しい使い方

（1）器具庫からの出し入れのとき、扉や壁に当てないように管理者の指導のもとで安全に行なって下さい。

（2）器具は平たんな床面の正しい位置へがたつきのないように設置し、固定具⑩等の固定装置がある場合は確実に取り付けして下さい。

（3）クロスバー②やネット支持具③にぶらさがったり登ったり、寄りかかったりなどしないで下さい。

（4）管理者を定め適切な指導のもとで使用し、本来の目的以外に使用しないで下さい。

◯ 誤った使い方の一例

（1）クロスバーにぶら下がることは、ゴールの下敷きになるなど思いがけない事故が発生することがあり危険です。

◯ 安全点検の時期と内容

点検箇所	点検内容	定期点検時期	標準耐用年数
枠材（土台・支柱・枠）	曲り、割れ、ささくれ、さび等ないかを確認する	６ヵ月	７年
ネットフック	折れたり、曲がったりしていないかを確認する	３ヵ月	５年
ネット	変形、破損、ほつれ等がないかを確認する	３ヵ月	２年
接続金具	変形、ひび、さび等ないかを確認する	６ヵ月	５年
接合部	ボルト・ナットの緩みがないかを確認する	６ヵ月	５年
溶接部	き裂、変形等がないかを確認する	６ヵ月	５年
固定具	ぐらつき、破損、変形等がないかを確認する	６ヵ月	５年

※上記の点検内容にもとづいて日常点検をおこなって下さい。

※異状が確認された場合は直ちに使用を中止して、製造業者、または販売代理店にすみやかに連絡をとり、修理または交換等の適切な処置をして下さい。

◯ 維持管理について［専門業者によるメンテナンスを受けて下さい］

（1）湿気の多い所や直射日光の当たる場所には保管しないで下さい。

（2）平たんな床面の上に保管して下さい。

（3）クロスバーやネット支持具等に物を載せたり、掛けたりしないで下さい。

（4）塗装部にはがれがあれば早期に補修塗装して下さい。

点検の難易度／★☆☆☆☆
誤使用の危険度／★☆☆☆☆

得点板 移動式

番号	名 称
①	表示カード
②	フレーム
③	脚
④	キャスター
⑤	端具
⑥	カードフック

掛替式
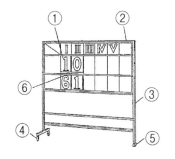

スライド式
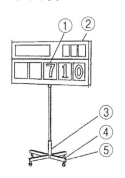

メクリ式
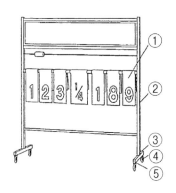

◯ 正しい使い方

(1) 器具が組立式の場合、組立取扱説明書に従い正しくセットして下さい。

(2) 器具庫からの出し入れの時は、扉、壁に当てないよう、また乱暴に取扱いはしないで下さい。

(3) 子供が乗って遊ばないよう指導して下さい。

(4) 管理者を定め適切な指導のもとで使用し、本来の目的以外に使用しないで下さい。

◯ 安全点検の時期と内容

点検箇所	点検内容	定期点検時期	標準耐用年数
フレーム、脚	ソリ、曲り等の変形、溶接箇所に異状がないかを確認する	6ヵ月	7年
表示カード	破れ、はがれ等の損傷がないかを確認する	1ヵ月	2年
カードフック	フックの変形、脱落がないか確認する	6ヵ月	5年
キャスター	摩耗、異常音がないかを確認する	6ヵ月	2年
接合部	ボルト・ナットの緩み、脱落等がないかを確認する	6ヵ月	5年
端具	脱落、損傷等がないかを確認する	6ヵ月	5年
溶接部	き裂、変形等がないかを確認する	6ヵ月	5年

※上記の点検内容にもとづいて日常点検をおこなって下さい。

※異状が確認された場合は直ちに使用を中止して、製造業者、または販売代理店にすみやかに連絡をとり、修理または交換等の適切な処置をして下さい。

◯ 維持管理について [専門業者によるメンテナンスを受けて下さい]

(1) 湿気の多い所や直射日光の当たる場所には保管しないで下さい。

(2) カードの紛失の恐れのある場合、機能を保つため使用後の確認をして下さい。

(3) 塗装部にはがれがあれば早期に補修塗装して下さい。

点検の難易度／★☆☆☆☆
誤使用の危険度／★☆☆☆☆

審判台

番号	名　称
①	台座
②	支柱
③	土台
④	フレーム
⑤	背板
⑥	記録板
⑦	踏板
⑧	端具
⑨	キャスター・高さ調節具

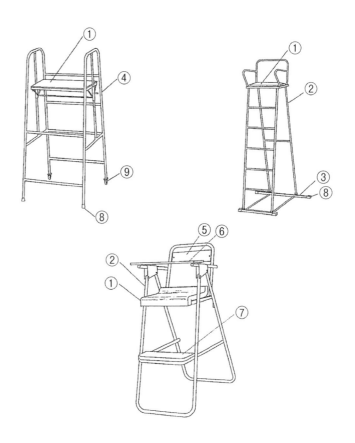

◯ 正しい使い方

(1)器具が組立式の場合、組立取扱説明書に従い正しくセットして下さい。

(2)器具庫からの出し入れの時は、扉、壁に当てないよう、また乱暴に取扱いはしないで下さい。

(3)器具は平たんな床面へがたつきのないように安定させ設置して下さい。

(4)台座①の上に立ち上がったり危険な行為をしないで下さい。

(5)台座昇降式は高さ調節機構が正しく作動し、台座①にがたつきがないことを確認して下さい。

(6)管理者を定め適切な指導のもとで使用し、本来の目的以外に使用しないで下さい。

◯ 安全点検の時期と内容

点検箇所	点検内容	定期点検時期	標準耐用年数
台座	ひび割れ、表皮の破れ、ささくれ等がないかを確認する	6ヵ月	7年
土台、支柱、フレーム	曲り、ゆがみ等の変形、溶接箇所に異状がないかを確認する	6ヵ月	7年
キャスター・高さ調節具	摩耗、破損等がないか確認する	6ヵ月	2年
高さ調節部	動作が円滑かどうか、可動部が摩耗していないか、がたつきがないか、部品の欠損がないかを確認する	6ヵ月	5年
接合部	ボルト・ナットの緩み、脱落等がないかを確認する	6ヵ月	5年
端具	脱落、損傷等がないかを確認する	6ヵ月	2年
溶接部	き裂、変形等がないかを確認する	6ヵ月	5年

※上記の点検内容にもとづいて日常点検をおこなって下さい。

※異状が確認された場合は直ちに使用を中止して、製造業者、または販売代理店にすみやかに連絡をとり、修理または交換等の適切な処置をして下さい。

◯ 維持管理について［専門業者によるメンテナンスを受けて下さい］

(1)湿気の多い所や直射日光の当たる場所には保管しないで下さい。

(2)塗装部にはがれがあれば早期に補修塗装して下さい。

番号	名　称
①	フレーム
②	網
③	袋
④	金具
⑤	キャスター
⑥	シェル

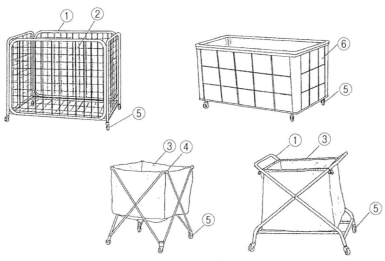

ボール入れ籠

◯ 正しい使い方

(1)器具が組立式の場合、組立取扱説明書に従い正しくセットして下さい。

(2)器具庫からの出し入れの時は、扉、壁に当てないよう、また乱暴に取扱いはしないで下さい。

(3)子供が乗って遊ばないよう指導して下さい。

(4)板等を渡して上に乗らないように指導して下さい。

(5)管理者を定め適切な指導のもとで使用し、本来の目的以外に使用しないで下さい。

◯ 安全点検の時期と内容

点検箇所	点検内容	定期点検時期	標準耐用年数
フレーム	曲り、ゆがみ等の変形、溶接箇所に異状がないかを確認する	6ヵ月	7年
網、袋	破れ、縫い目のほつれ等がないかを確認する	3ヵ月	2年
シェル	割れ、ひび等がないか確認する	3ヵ月	2年
金具	作動が円滑か、異常音がないかを確認する	6ヵ月	5年
キャスター	摩耗等がないかを確認する	6ヵ月	2年
接合部	ボルト・ナットの緩み、脱落等がないかを確認する	6ヵ月	5年
溶接部	き裂、変形等がないかを確認する	6ヵ月	5年

※上記の点検内容にもとづいて日常点検をおこなって下さい。

※異状が確認された場合は直ちに使用を中止して、製造業者、または販売代理店にすみやかに連絡をとり、修理または交換等の適切な処置をして下さい。

◯ 維持管理について [専門業者によるメンテナンスを受けて下さい]

(1)湿気の多い所や直射日光の当たる場所には保管しないで下さい。

(2)変形、壊れる恐れのある重量物は入れておかないで下さい。

(3)塗装部にはがれがあれば早期に補修塗装して下さい。

トランポリン

点検の難易度／★★★☆☆
誤使用の危険度／★★★★★

番号	名 称
①	ベッド
②	フレームパッド
③	フレーム
④	ブレース
⑤	脚
⑥	ローラースタンド
⑦	スプリング（ゴムケーブル）
⑧	滑り止め具

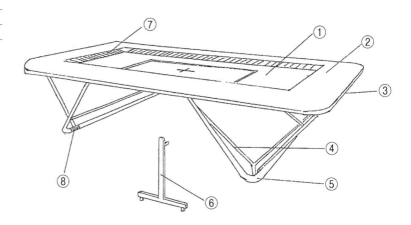

◯ 正しい使い方

(1) 平たんな床面の上に設置して下さい。

(2) フレーム③の開閉は、必ず２人以上でおこなって下さい。

(3) フレーム③の乗り降りのときに、スプリング（ゴムケーブル）⑦に足を掛けないで下さい。

(4) 底の硬いシューズをはいたままで、ベッド①の上にあがらないで下さい。

(5) ２人以上で跳躍運動をしないで下さい。

(6) 必ずフレーム③のまわりに補助者をつけて使用して下さい。

(7) 安全のため、補助台又はソフトマット等を周囲に敷いて下さい。

(8) 管理者を定め適切な指導のもとで使用し、本来の目的以外に使用しないで下さい。

◯ 誤った使い方の一例

(1) 天井の高さが十分にとれない場所で使用することは、天井に頭を打つなど思いがけない事故につながることがあります。

◯ 安全点検の時期と内容

点検箇所	点検内容	定期点検時期	標準耐用年数
ベッド	破損、破れ、糸切れ等がないかを確認する	３ヵ月	１年
フレームベッド	破損、破れ、へたり等がないかを確認する	３ヵ月	３年
フレーム	破損、変形、さび等がないかを確認する	３ヵ月	５年
ブレース	破損、変形、さび等がないかを確認する	３ヵ月	５年
脚	破損、変形、さび等がないかを確認する	３ヵ月	５年
ローラースタンド	変形、さび、キャスターの破損、摩耗等がないかを確認する	３ヵ月	５年
スプリング（ゴムケーブル）	破損、変形、さび等がないかを確認する	３ヵ月	１年
滑り止め具	摩耗、破損、はがれ、変形等がないかを確認する	３ヵ月	３年

※上記の点検内容にもとづいて日常点検をおこなって下さい。

※異状が確認された場合は直ちに使用を中止して、製造業者、または販売代理店にすみやかに連絡をとり、修理または交換等の適切な処置をして下さい。

◯ 維持管理について［専門業者によるメンテナンスを受けて下さい］

(1) 湿気の多い所や直射日光の当たる場所には保管しないで下さい。

(2) 回転部には定期的に注油して下さい。

(3) 長期間使用しないときは、ベッドとスプリング（ゴムケーブル）は取りはずして下さい。

鉄棒

番号	名　称
①	バー
②	キャップ
③	支柱
④	緊張策
⑤	土台ピン
⑥	ターンバックル
⑦	チェーン

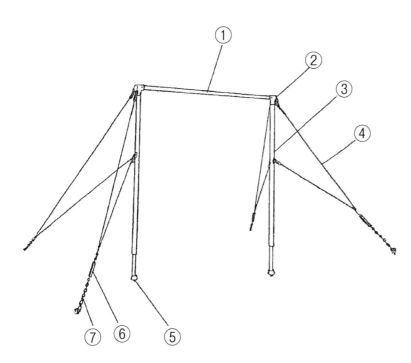

◯ 正しい使い方

(1) 組立は6名以上でおこない、ゆっくりと起立させ、土台ピン⑤を床金具に確実に差し込んで下さい。

(2) 緊張策④は、ねじれないようにセットして下さい。

(3) 支柱③を立てたら、前後左右に傾きがないようにバランスよくターンバックル⑥を回して緊張策④を締め、確実にセットしてから使用して下さい。

(4) 危険防止のためバー①に付着した炭酸マグネシウム等の汚れは、使用後必ずふきとって下さい。バーにさびは絶対禁物です。

(5) 着地マットは規定のものを使用し、練習時はソフトマットを併用して下さい。

(6) 管理者を定め適切な指導のもとで使用し、本来の目的以外に使用しないで下さい。

◯ 安全点検の時期と内容

点検箇所	点検内容	定期点検時期	標準耐用年数
バー	バー表面のさび、変形等がないかを確認する	3ヵ月	3年
キャップ	破損、変形、摩耗、さび等がないかを確認する	6ヵ月	5年
支柱	破損、変形、さび等がないかを確認する	6ヵ月	7年
緊張索、チェーン	破損、変形、摩耗、さび等がないかを確認する	3ヵ月	3年

※上記の点検内容にもとづいて日常点検をおこなって下さい。

※異状が確認された場合は直ちに使用を中止して、製造業者、または販売代理店にすみやかに連絡をとり、修理または交換等の適切な処置をして下さい。

◯ 維持管理について [専門業者によるメンテナンスを受けて下さい]

(1) 使用頻度が高い場合や耐用年数の過ぎたバーは、磁気探傷の検査を受けて下さい。

(2) 直射日光の当たらない、湿気の少ない場所に保管して下さい。

(3) バーの表面に付着した炭酸マグネシウム等はふきとってから保管して下さい。

(4) 器具庫の整理台等に掛けて保管して下さい。また緊張索は無理に折り曲げたり、角のとがったもの及び重量物を載せないで下さい。

(5) 回転部には定期的に注油して保管して下さい。

平行棒

番号	名　称
①	バー
②	バーサポート
③	バー接合ピン
④	調整・締め具
⑤	支柱
⑥	滑り止め具
⑦	トラバース
⑧	固定具

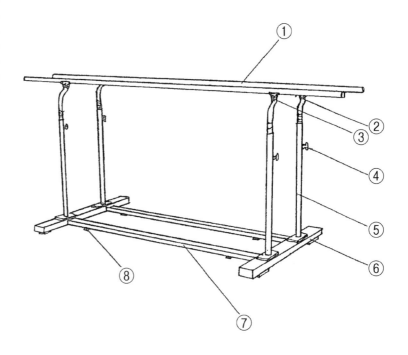

○ 正しい使い方

(1)調整・締め具④は確実にロックし、安全を確認してから使用して下さい。

(2)バー①の水平及び平行を正しくセットして下さい。

(3)固定具⑧を床金具に固定して下さい。

(4)バー①に付着した炭酸マグネシウム等の汚れはナイロンタワシ等でふきとって下さい。

(5)移動の時は専用運搬車を使用して下さい。

(6)着地マットは規定のものを使用し、練習時にはソフトマットを併用して下さい。

(7)管理者を定め適切な指導のもとで使用し、本来の目的以外に使用しないで下さい。

○ 安全点検の時期と内容

点検箇所	点検内容	定期点検時期	標準耐用年数
バー	き裂、はがれ、ささくれ、変形等がないかを確認する	1ヵ月	1年
調整・締め具	破損、変形、摩耗、さび等がないかを確認する	3ヵ月	5年
支柱、トラバース	破損、変形、さび等がないかを確認する	6ヵ月	10年
滑り止め具	破損、摩耗、はがれ、変形等がないかを確認する	3ヵ月	2年

※上記の点検内容にもとづいて日常点検をおこなって下さい。

※異状が確認された場合は直ちに使用を中止して、製造業者、または販売代理店にすみやかに連絡をとり、修理または交換等の適切な処置をして下さい。

○ 維持管理について [専門業者によるメンテナンスを受けて下さい]

(1)直射日光の当たらない、湿気の少ない場所に保管して下さい。

(2)バーの表面に付着した炭酸マグネシウム等をナイロンタワシ等で落してから保管して下さい。

(3)回転部には定期的に注油して保管して下さい。

(4)バーには角のとがったもの及び重量物を載せないで下さい。

点検の難易度／★★★★☆
誤使用の危険度／★★★★★

つり輪

番号	名　称
①	回転金具
②	ベルト・ワイヤ
③	リング
④	支柱
⑤	緊張索
⑥	土台ピン
⑦	ジョイント部
⑧	チェーン
⑨	ターンバックル

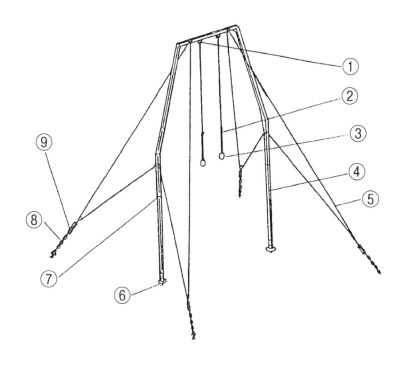

○ 正しい使い方

(1)組立は6名以上でおこない、土台ピン⑥を床金具に確実に差し込み、ゆっくりと起立させて下さい。
(2)緊張索⑤は、ねじれないようにセットして下さい。
(3)支柱④を立てたら、前後左右に傾きがないようにバランスよくターンバックル⑨を回して緊張索⑤を締め、確実にセットしてから使用して下さい。
(4)リング③の高さが左右均等になっているかを確認してから使用して下さい。
(5)着地マットは規定のものを使用し、練習時はソフトマットを併用して下さい。
(6)管理者を定め適切な指導のもとで使用し、本来の目的以外に使用しないで下さい。

○ 安全点検の時期と内容

点検箇所	点検内容	定期点検時期	標準耐用年数
リング	き裂、はがれ、ささくれ、変形等がないかを確認する	3ヵ月	2年
ベルト・ワイヤ	破損、摩耗、はがれ、ささくれ、変形等がないかを確認する	3ヵ月	2年
回転金具	ボルト・ナットの緩み、破損、摩耗、変形等がないかを確認する	3ヵ月	5年
緊張索、チェーン	破損、変形、摩耗、さび等がないかを確認する	3ヵ月	5年
支柱（フレーム）	破損、変形、さび等がないかを確認する	6ヵ月	10年

※上記の点検内容にもとづいて日常点検をおこなって下さい。
※異状が確認された場合は直ちに使用を中止して、製造業者、または販売代理店にすみやかに連絡をとり、修理または交換等の適切な処置をして下さい。

○ 維持管理について ［ 専門業者によるメンテナンスを受けて下さい ］

(1)直射日光の当たらない、湿気の少ない場所に保管して下さい。
(2)リングの表面に付着した炭酸マグネシウム等はふきとってから保管して下さい。
(3)器具庫の整理台等に掛けて保管して下さい。また緊張索は無理に折り曲げたり、角のとがったもの及び重量物を載せないで下さい。
(4)回転部には定期的に注油して保管して下さい。

点検の難易度／★★★★★
誤使用の危険度／★★★★★

つり輪 吊下式

番号	名称
①	取り付け金具
②	ブレース
③	回転金具
④	ベルト・ワイヤ
⑤	リング

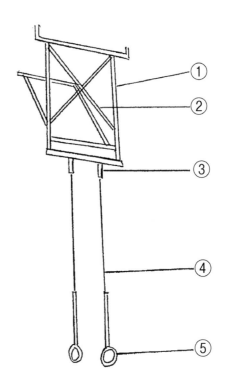

◯ 正しい使い方

(1)折りたたみ式の場合は、確実にセットされた状態を確認して使用して下さい。

(2)二人以上同時にぶら下がらないで下さい。

(3)リング⑤の高さが左右均等になっているかを確認して使用して下さい。

(4)着地マットは規定のものを使用し、練習時はソフトマットを併用して下さい。

(5)管理者を定め適切な指導のもとで使用し、本来の目的以外に使用しないで下さい。

◯ 安全点検の時期と内容

点検箇所	点検内容	定期点検時期	標準耐用年数
取り付け金具	破損、変形等がないかを確認する	1ヵ月	2年
ブレース	歪み等がないかを確認する	3ヵ月	2年
接合部	ボルト・ナットの緩み、破損、変形等がないかを確認する	3ヵ月	1年
回転金具	ボルト・ナットの緩み、摩耗、変形等がないかを確認する	3ヵ月	1年
ベルト・ワイヤ	破損、摩耗、はがれ、ささくれ、変形等がないかを確認する	3ヵ月	2年
リング	割れ、はがれ、ささくれ、変形等がないかを確認する	3ヵ月	2年

※上記の点検内容にもとづいて日常点検をおこなって下さい。

※異状が確認された場合は直ちに使用を中止して、製造業者、または販売代理店にすみやかに連絡をとり、修理または交換等の適切な処置をして下さい。

◯ 維持管理について [専門業者によるメンテナンスを受けて下さい]

(1)回転部には定期的に注油して保管して下さい。

(2)リングの表面に付着した炭酸マグネシウム等はふきとって下さい。

(3)ベルト・ワイヤが絡まないように保管して下さい。

(4)ベルト・ワイヤは早めに交換して下さい。

番号	名　称
①	ポメル
②	馬体
③	脚
④	土台
⑤	滑り止め具
⑥	調整・締め具
⑦	ターンバックル
⑧	チェーン
⑨	緊張索

あん馬

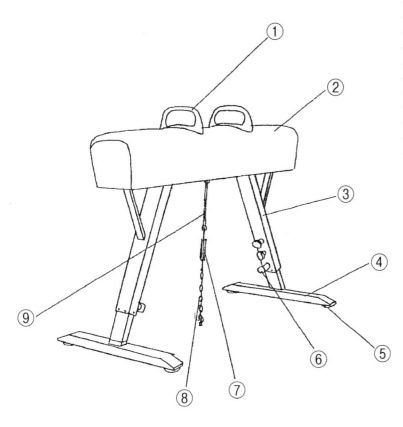

◯ 正しい使い方

(1) 緊張索⑨を使い、本体を床金具に確実に固定してから使用して下さい。

(2) 馬体②と脚③を固定している締め付け部分を確実に締めて下さい。

(3) ポメル①は確実に締付けて下さい。

(4) 調整・締め具⑥を確実に締めて下さい。

(5) 移動の時は専用運搬車を使用して下さい。

(6) 着地マットは規定のものを使用し、練習時はソフトマットを併用して下さい。

(7) 管理者を定め適切な指導のもとで使用し、本来の目的以外に使用しないで下さい。

◯ 安全点検の時期と内容

点検箇所	点検内容	定期点検時期	標準耐用年数
馬体	破損、き裂、はがれ、摩耗、変形等がないかを確認する	2ヵ月	3年
ポメル	破損、き裂、ささくれ、摩耗等がないかを確認する	2ヵ月	3年
脚、土台	破損、変形、さび等がないかを確認する	6ヵ月	10年
緊張索	破損、変形、摩耗、さび等がないかを確認する	3ヵ月	5年
滑り止め金具	破損、摩耗、はがれ、変形等がないかを確認する	3ヵ月	2年

※上記の点検内容にもとづいて日常点検をおこなって下さい。

※異状が確認された場合は直ちに使用を中止して、製造業者、または販売代理店にすみやかに連絡をとり、修理または交換等の適切な処置をして下さい。

◯ 維持管理について［専門業者によるメンテナンスを受けて下さい］

(1) 直射日光の当たらない、湿気の少ない場所に保管して下さい。

(2) 馬体は濡れた雑巾で炭酸マグネシウムをふき取り、天然皮革の場合は皮革用オイルを薄く塗って保管して下さい。

(3) ポメルに付着した炭酸マグネシウムはふき取ってから保管して下さい。

(4) 回転部には定期的に注油して保管して下さい。

(5) 塗装部にはがれがあれば早期に補修塗装して下さい。

跳馬

番号	名　称
①	馬体・テーブル
②	脚
③	土台
④	滑り止め具
⑤	調整・締め具
⑥	ターンバックル
⑦	チェーン
⑧	緊張索

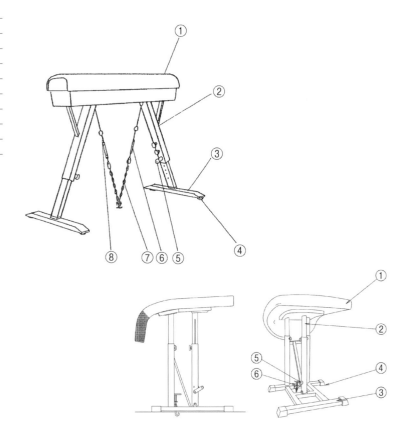

○ 正しい使い方

(1)緊張索⑧、ターンバックル⑥を使い、本体を床金具に確実に固定してから使用して下さい。

(2)馬体・テーブル①と脚②を固定している締め付け部分を確実に締めて下さい。

(3)調整・締め具⑤を確実に締めて下さい。

(4)移動の時は専用運搬車を使用して下さい。

(5)着地マットは規定のものを使用し、練習時はソフトマットを併用して下さい。

(6)管理者を定め適切な指導のもとで使用し、本来の目的以外に使用しないで下さい。

○ 安全点検の時期と内容

点検箇所	点検内容	定期点検時期	標準耐用年数
馬体	破損、き裂、はがれ、摩耗、変形等がないかを確認する	2ヵ月	3年
脚、土台	破損、変形、さび等がないかを確認する	6ヵ月	10年
緊張索	破損、変形、摩耗、さび等がないかを確認する	3ヵ月	5年
滑り止め金具	破損、摩耗、はがれ、変形等がないかを確認する	3ヵ月	2年

※上記の点検内容にもとづいて日常点検をおこなって下さい。

※異状が確認された場合は直ちに使用を中止して、製造業者、または販売代理店にすみやかに連絡をとり、修理または交換等の適切な処置をして下さい。

○ 維持管理について［専門業者によるメンテナンスを受けて下さい］

(1)直射日光の当たらない、湿気の少ない場所に保管して下さい。

(2)馬体は濡れた雑巾で炭酸マグネシウムをふき取り、天然皮革の場合は皮革用オイルを薄く塗って保管して下さい。

(3)回転部には定期的に注油して保管して下さい。

(4)塗装部にはがれがあれば早期に補修塗装して下さい。

番号	名　称
①	表面材（カーペット）
②	抑圧層（クッション材）
③	弾性パネル

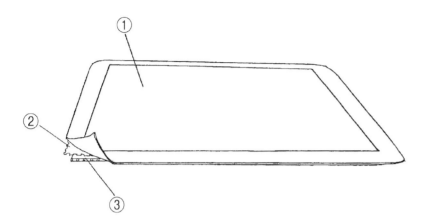

○ 正しい使い方

(1)弾性パネル③を敷きはじめる前に設置位置を決めて下さい。

(2)弾性パネル③の持運びは２人以上でおこない、パネル同士は確実にセットして下さい。

(3)締付け金具がついている場合は確実に締めて下さい。

(4)クッション材②のセットは、はめ込み式のものは隣同士確実にはめ込み、ロール式のものは隙間ができないように敷いて下さい。

(5)カーペット①の接続はめくれないようにセットして下さい。

(6)管理者を定め適切な指導のもとで使用し、本来の目的以外に使用しないで下さい。

○ 安全点検の時期と内容

点検箇所	点検内容	定期点検時期	標準耐用年数
弾性パネル	破損、はがれ、へたり、変形等がないかを確認する	６ヵ月	３年
弾性材	破損、はがれ、へたり、変形等がないかを確認する	３ヵ月	２年
クッション材	破損、はがれ、へたり、変形等がないかを確認する	３ヵ月	２年
カーペット	破損、はがれ、変形等がないかを確認する	３ヵ月	３年

※上記の点検内容にもとづいて日常点検をおこなって下さい。

※異状が確認された場合は直ちに使用を中止して、製造業者、または販売代理店にすみやかに連絡をとり、修理または交換等の適切な処置をして下さい。

○ 維持管理について［専門業者によるメンテナンスを受けて下さい］

(1)カーペットは掃除機でごみ、ホコリ等を吸い取り、清潔な状態で保管して下さい。

(2)直射日光の当たらない、湿気の少ない場所に専用運搬車に載せて保管して下さい。

(3)弾性パネルは立て掛けて保管し、積み上げる場合には弾性材がつぶれないようにして保管して下さい。

(4)カーペットやクッション材の上には、角のとがったもの及び重量物を載せないで下さい。

新体操マット

番号	名　称
①	表面材（カーペット）
②	抑圧層（クッション材）
③	弾性パネル

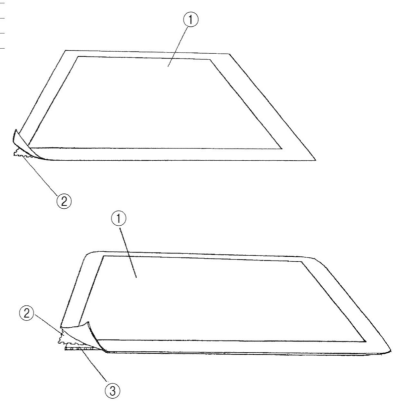

◯ 正しい使い方

(1)弾性パネル③を敷きはじめる前に設置位置を決めて下さい。弾性パネルを使用しないものは、クッション材②を敷きはじめる前に設置位置を決めて下さい。

(2)弾性パネル③の持運びは2人以上でおこない、パネル同士は確実にセットして下さい。

(3)締付け金具がついている場合は確実に締めて下さい。

(4)クッション材②のセットは、はめ込み式のものは隣同士確実にはめ込み、ロール式のものは隙間ができないように敷いて下さい。

(5)カーペット①の接続はめくれないようにセットして下さい。

(6)管理者を定め適切な指導のもとで使用し、本来の目的以外に使用しないで下さい。

◯ 安全点検の時期と内容

点検箇所	点検内容	定期点検時期	標準耐用年数
弾性パネル	破損、はがれ、へたり、変形等がないかを確認する	6ヵ月	3年
弾性材	破損、はがれ、へたり、変形等がないかを確認する	3ヵ月	2年
クッション材	破損、はがれ、へたり、変形等がないかを確認する	3ヵ月	2年
カーペット	破損、はがれ、変形等がないかを確認する	3ヵ月	3年

※上記の点検内容にもとづいて日常点検をおこなって下さい。

※異状が確認された場合は直ちに使用を中止して、製造業者、または販売代理店にすみやかに連絡をとり、修理または交換等の適切な処置をして下さい。

◯ 維持管理について ［専門業者によるメンテナンスを受けて下さい］

(1)カーペットは掃除機でごみ、ホコリ等を吸い取り、清潔な状態で保管して下さい。

(2)直射日光の当たらない、湿気の少ない場所に専用運搬車に載せて保管して下さい。

(3)弾性パネルは立て掛けて保管し、積み上げる場合には弾性材がつぶれないようにして保管して下さい。

(4)カーペットやクッション材の上には、角のとがったもの及び重量物を載せないで下さい。

番号	名　称
①	ビーム
②	支柱
③	調節支柱
④	脚
⑤	滑り止め具

平均台

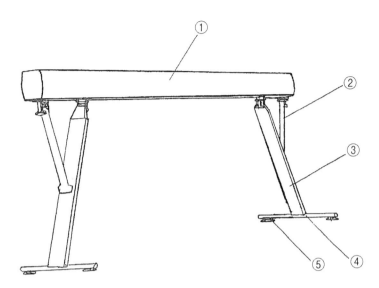

○ 正しい使い方

(1) ビーム①は水平な状態で使用して下さい。

(2) 支柱②、調節支柱③のねじは完全に締付けて下さい。

(3) 移動は専用運搬車を使用して下さい。

(4) 着地マットは規定のものを使用し、練習時はソフトマットを併用して下さい。

(5) 管理者を定め適切な指導のもとで使用し、本来の目的以外に使用しないで下さい。

○ 安全点検の時期と内容

点検箇所	点検内容	定期点検時期	標準耐用年数
ビーム	破損、摩耗、はがれ、変形等がないかを確認する	2ヵ月	2年
支柱、調節支柱	破損、変形、さび等がないかを確認する	6ヵ月	3年
脚	破損、変形、さび等がないかを確認する	6ヵ月	7年
滑り止め具	破損、摩耗、はがれ、変形等がないかを確認する	3ヵ月	2年

※上記の点検内容にもとづいて日常点検をおこなって下さい。

※異状が確認された場合は直ちに使用を中止して、製造業者、または販売代理店にすみやかに連絡をとり、修理または交換等の適切な処置をして下さい。

○ 維持管理について [専門業者によるメンテナンスを受けて下さい]

(1) 直射日光の当たらない、湿気の少ない場所に保管して下さい。

(2) ビームに付着した炭酸マグネシウムは濡れた雑巾等でふき取ってから保管して下さい。

(3) 接続部には定期的に注油して保管して下さい。

(4) 塗装部にはがれがあれば早期に補修塗装して下さい。

平均台 教育用

番号	名　称
①	ビーム
②	支柱
③	締め金具
④	ピン
⑤	滑り止め具

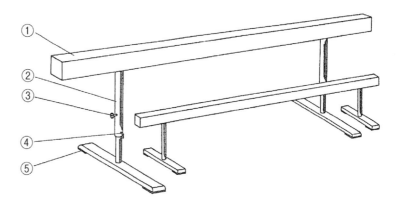

◯ 正しい使い方

(1) 運搬する場合には、平均台の重量を十分に保持できる人数でおこなって下さい。

(2) 平たんな床面の上に設置して下さい。

(3) 周囲にマットを敷いて下さい。

(4) 組立式、調節式平均台にあっては、ビームが水平に設置され、がたつきなく十分に固定されていることを確認して下さい。

(5) 管理者を定め適切な指導のもとで使用し、本来の目的以外に使用しないで下さい。

◯ 安全点検の時期と内容

点検箇所	点検内容	定期点検時期	標準耐用年数
ビーム	表面にささくれ等がないかを確認する	3ヵ月	2年
締め金具	ボルト・ナットの摩耗、破損等がないかを確認する	3ヵ月	2年
滑り止め具	破損、変形等がないかを確認する	2ヵ月	2年

※上記の点検内容にもとづいて日常点検をおこなって下さい。

※異状が確認された場合は直ちに使用を中止して、製造業者、または販売代理店にすみやかに連絡をとり、修理または交換等の適切な処置をして下さい。

◯ 維持管理について [専門業者によるメンテナンスを受けて下さい]

(1) 直射日光の当たらない、湿気の少ない場所に保管して下さい。

(2) 平たんな床面の上に保管して下さい。

(3) ビームの上には、角のとがったもの及び重量物を載せないで下さい。

(4) 冷暖房機、乾燥機及び高熱を発するものの近くには置かないで下さい。

(5) 塗装部にはがれがあれば早期に補修塗装して下さい。

段違い平行棒

番号	名　称
①	キャップ
②	バーピン
③	バー
④	緊張策
⑤	支柱
⑥	土台
⑦	滑り止め具
⑧	チェーン
⑨	スライダー
⑩	ターンバックル
⑪	土台ピン
⑫	幅調節器

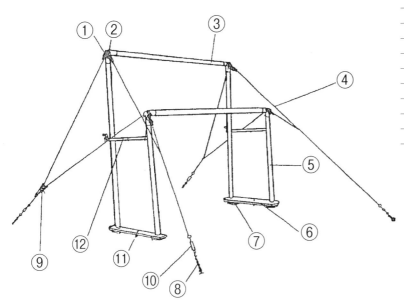

◯ 正しい使い方

(1)組立は6名以上でおこない、ゆっくりと起立させ、土台ピン⑪を確実に床金具に差し込んで下さい。

(2)緊張策④は、ねじれないようにセットして下さい。

(3)ターンバックル⑩で所定の張力に保ち、スライダー⑨を張ってから使用して下さい。

(4)バー③に付着した炭酸マグネシウム等の汚れはナイロンタワシ等でふきとって下さい。

(5)バー③の間隔は、幅調節器⑫で左右均等にして使用して下さい。

(6)着地マットは規定のものを使用し、練習時はソフトマットを併用して下さい。

(7)管理者を定め適切な指導のもとで使用し、本来の目的以外に使用しないで下さい。

◯ 誤った使い方の一例

(1)バーを片方だけで使用するなど適正な組み立てをしないで使用することは、器具の崩壊や破損など思いがけない事故につながることがあります。

◯ 安全点検の時期と内容

点検箇所	点検内容	定期点検時期	標準耐用年数
バー	き裂、はがれ、ささくれ、変形等がないかを確認する	1ヵ月	2年
支柱、土台	破損、変形、さび等がないかを確認する	6ヵ月	7年
スライダー、幅調節器	破損、変形、摩耗、さび等がないかを確認する	2ヵ月	5年
緊張索	破損、変形、摩耗、さび等がないかを確認する	3ヵ月	3年
滑り止め具	破損、変形、はがれ、さび等がないかを確認する	3ヵ月	2年

※上記の点検内容にもとづいて日常点検をおこなって下さい。

※異状が確認された場合は直ちに使用を中止して、製造業者、または販売代理店にすみやかに連絡をとり、修理または交換等の適切な処置をして下さい。

◯ 維持管理について ［ 専門業者によるメンテナンスを受けて下さい ］

(1)直射日光の当たらない、湿気の少ない場所に保管して下さい。

(2)バーの表面に付着した炭酸マグネシウム等をナイロンタワシ等で落してから保管して下さい。

(3)回転部には定期的に注油して保管して下さい。

(4)バー及び緊張索には、角のとがったもの及び重量物を載せないで下さい。

(5)塗装部にはがれがあれば早期に補修塗装して下さい。

点検の難易度／★★☆☆☆
誤使用の危険度／★★★★☆

着地マット

番号	名　称
①	外被
②	クッション材
③	取っ手

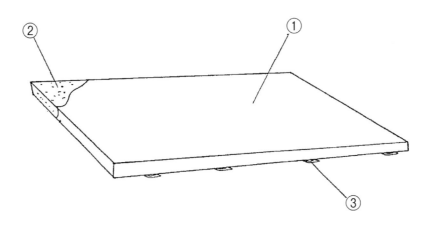

◯ 正しい使い方

(1)各競技ごとに定められた敷き方をして下さい。

(2)着地マットは隙間ができないように敷いて下さい。

(3)取っ手③は着地マットの下に折り返して使用して下さい。

(4)管理者を定め適切な指導のもとで使用し、本来の目的以外に使用しないで下さい。

◯ 安全点検の時期と内容

点検箇所	点検内容	定期点検時期	標準耐用年数
外被	破れ、ほつれ、変形等がないかを確認する	3ヵ月	2年
クッション材	破れ、はがれ、へたり、変形等がないかを確認する	6ヵ月	2年
取っ手	破れ、ほつれ、変形等がないかを確認する	3ヵ月	2年

※上記の点検内容にもとづいて日常点検をおこなって下さい。

※異状が確認された場合は直ちに使用を中止して、製造業者、または販売代理店にすみやかに連絡をとり、修理または交換等の適切な処置をして下さい。

◯ 維持管理について［専門業者によるメンテナンスを受けて下さい］

(1)直射日光の当たらない、湿気の少ない場所に保管して下さい。

(2)フラットに置き、積み重ねはなるべく少なくして下さい。

(3)着地マットには、角のとがったもの及び重量物を載せないで下さい。

点検の難易度／★★☆☆☆
誤使用の危険度／★★★☆☆

番号	名　称
①	取っ手
②	外被
③	とじ
④	着地面

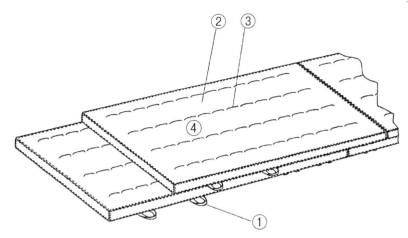

○ 正しい使い方

(1)運搬する場合には、マットの重量を十分に保持出来る人数でおこなって下さい。

(2)平たんな床面の上に設置して下さい。

(3)取っ手①はマットの下に折り返して使用して下さい。

(4)必要に応じて、適切に重ね合わせて使用して下さい。

(5)2枚以上で重ねて使用する場合には、ずれが生じないように確実に組み合わせて使用して下さい。

(6)管理者を定め適切な指導のもとで使用し、本来の目的以外に使用しないで下さい。

○ 誤った使い方の一例

(1)強風時に屋外で使用するとマットがあおられ思いがけない事故が発生することがあり危険です。

○ 安全点検の時期と内容

点検箇所	点検内容	定期点検時期	標準耐用年数
取っ手	糸のほつれ、破損や著しい変形がないか確認する	3ヵ月	2年
外被	破れ、き裂、汚れ、摩耗等がないかを確認する	3ヵ月	2年
とじ	糸のほつれ、変形、破損、めくれがないか確認する	3ヵ月	2年
内部構造材	芯のずれ、破損、へたり等がないかを確認する	3ヵ月	2年
着地面	しわ、変形等のゆるみがないかを確認する	3ヵ月	2年

※上記の点検内容にもとづいて日常点検をおこなって下さい。

※異状が確認された場合は直ちに使用を中止して、製造業者、または販売代理店にすみやかに連絡をとり、修理または交換等の適切な処置をして下さい。

○ 維持管理について [専門業者によるメンテナンスを受けて下さい]

(1)直射日光の当たらない、湿気の少ない場所に保管して下さい。

(2)定期的に天日乾燥して下さい。

(3)無理に折り曲げたりしないで、平たんな床面の上に保管して下さい。

(4)マットの上には、角のとがったもの及び重量物を載せないで下さい。

マット 教育用

ソフトマット・エバーマット

番号	名　称
①	取っ手
②	外被
③	空気抜き穴

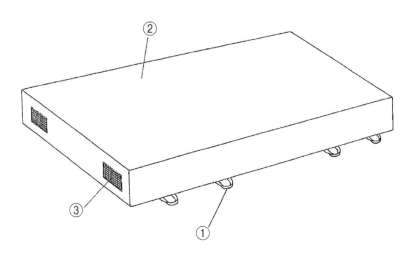

○ 正しい使い方

(1)運搬する場合には、ソフトマットの重量を十分に保持出来る人数でおこなって下さい。

(2)平たんな床面の上に設置して下さい。

(3)取っ手①はマットの下に折り返して使用して下さい。

(4)管理者を定め適切な指導のもとで使用し、本来の目的以外に使用しないで下さい。

○ 誤った使い方の一例

(1)強風時に屋外で使用するとマットがあおられ思いがけない事故が発生することがあり危険です。

○ 安全点検の時期と内容

点検箇所	点検内容	定期点検時期	標準耐用年数
取っ手	糸のほつれ、破損や著しい変形がないか確認する	３ヵ月	2年
外被	破れ、き裂、汚れ等がないかを確認する	３ヵ月	2年
内部構造材	芯のずれ、破損、へたり等がないかを確認する	３ヵ月	2年
着地面	しわ、変形等のゆるみがないかを確認する	３ヵ月	2年

※上記の点検内容にもとづいて日常点検をおこなって下さい。

※異状が確認された場合は直ちに使用を中止して、製造業者、または販売代理店にすみやかに連絡をとり、修理または交換等の適切な処置をして下さい。

○ 維持管理について [専門業者によるメンテナンスを受けて下さい]

(1)直射日光の当たらない、湿気の少ない場所に保管して下さい。

(2)定期的に天日乾燥して下さい。

(3)無理に折り曲げたりしないで、平たんな床面の上に保管して下さい。

(4)マットの上には、角のとがったもの及び重量物を載せないで下さい。

点検の難易度／★★☆☆☆
誤使用の危険度／★★★★☆

番号	名　称
①	表面材（カーペット）
②	天板
③	基台
④	弾性材
⑤	滑り止め具
⑥	スプリング

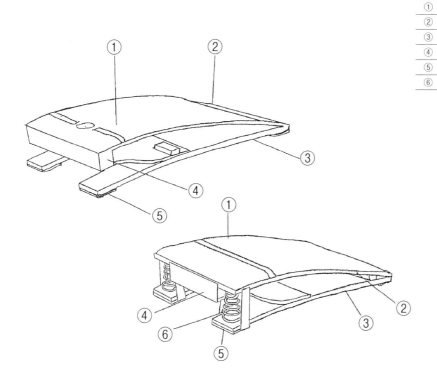

跳躍板・とび箱用踏切板

○ 正しい使い方

(1) 跳躍板は平たんな床面に真っすぐ置き、正面から跳躍して下さい。

(2) 各個人にあった踏切幅にセットして下さい。

(3) 前方には必ず着地マット、ソフトマット等を置いて下さい。

(4) 弾性の著しく劣化したものは、使用しないで下さい。

(5) 移動する時は2人以上で運んで下さい。

(6) 管理者を定め適切な指導のもとで使用し、本来の目的以外に使用しないで下さい。

○ 安全点検の時期と内容

点検箇所	点検内容	定期点検時期	標準耐用年数
カーペット	破損、摩耗、はがれ、変形等がないかを確認する	3ヵ月	2年
天板、基台	破損、はがれ、変形等がないかを確認する	3ヵ月	2年
弾性材、スプリング	破損、はがれ、へたり、変形等がないかを確認する	3ヵ月	2年
滑り止め具	破損、摩耗、はがれ、変形等がないかを確認する	3ヵ月	2年

※上記の点検内容にもとづいて日常点検をおこなって下さい。

※異状が確認された場合は直ちに使用を中止して、製造業者、または販売代理店にすみやかに連絡をとり、修理または交換等の適切な処置
　をして下さい。

○ 維持管理について［専門業者によるメンテナンスを受けて下さい］

(1) カーペットの汚れは掃除機で吸いとり、清潔な状態で保管して下さい。

(2) 直射日光の当たらない、湿気の少ない場所に保管して下さい。

(3) 積み重ねないで、横に保管して下さい。

(4) 冷暖房機、乾燥機及び高熱を発するものの近くには置かないで下さい。

点検の難易度／★★☆☆☆
誤使用の危険度／★★☆☆☆

助走路

番号	名　称
①	設置板
②	走路
③	スタート標識

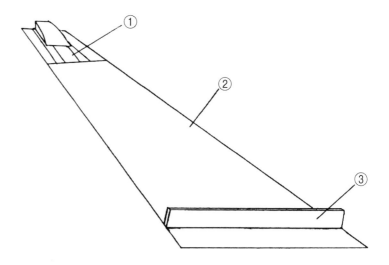

◯ 正しい使い方

(1) 設置板①、走路②の接続部分は確実に接続して下さい。

(2) 走路②はゆがまないように真っすぐ設置して下さい。

(3) スタート標識③はメジャーを使い、正確にセットして下さい。

(4) 管理者を定め適切な指導のもとで使用し、本来の目的以外に使用しないで下さい。

◯ 安全点検の時期と内容

点検箇所	点検内容	定期点検時期	標準耐用年数
走路	破損、摩耗、はがれ、変形等がないかを確認する	3ヵ月	2年
設置板	破損、摩耗、はがれ、変形等がないかを確認する	3ヵ月	5年
スタート標識	破損、はがれ、変形等がないかを確認する	3ヵ月	3年

※上記の点検内容にもとづいて日常点検をおこなって下さい。

※異状が確認された場合は直ちに使用を中止して、製造業者、または販売代理店にすみやかに連絡をとり、修理または交換等の適切な処置をして下さい。

◯ 維持管理について［専門業者によるメンテナンスを受けて下さい］

(1) 直射日光の当たらない、湿気の少ない場所に保管して下さい。

(2) 芯材を使い、カーペット面を外側にして巻取り保管して下さい。

(3) カーペット、弾性材には、角のとがったもの及び重量物を載せないで下さい。

番号	名　称
①	馬体カバー
②	馬体緩衝材
③	脚
④	土台
⑤	滑り止め具

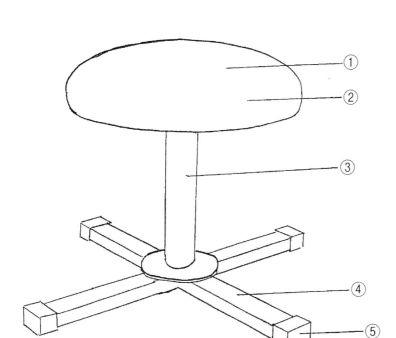

◯ 正しい使い方

(1) 平たんな床面の上に設置して下さい。

(2) 土台④にはマット等を載せて使用して下さい。

(3) 管理者を定め適切な指導のもとで使用し、本来の目的以外に使用しないで下さい。

◯ 安全点検の時期と内容

点検箇所	点検内容	定期点検時期	標準耐用年数
馬体カバー	破れ、緩み等がないかを確認する	6ヵ月	2年
馬体緩衝材	弾性が著しく劣化していないかを確認する	6ヵ月	2年
脚	馬体との接続部分にぐらつきがないかを確認する	6ヵ月	5年
土台	変形がないかを確認する	6ヵ月	5年
滑り止め具	摩耗、破損、変形等がないかを確認する	3ヵ月	1年

※上記の点検内容にもとづいて日常点検をおこなって下さい。

※異状が確認された場合は直ちに使用を中止して、製造業者、または販売代理店にすみやかに連絡をとり、修理または交換等の適切な処置
　をして下さい。

◯ 維持管理について［専門業者によるメンテナンスを受けて下さい］

(1) 直射日光の当たらない、湿気の少ない場所に保管して下さい。

(2) 平たんな床面の上に保管して下さい。

(3) 馬体頭部には、角のとがったもの及び重量物を載せないで下さい。

(4) 塗装部にはがれがあれば早期に補修塗装して下さい。

手具全般

番号	名　称
①	こん棒
②	ボール
③	輪
④	縄
⑤	リボン
⑥	体操棒

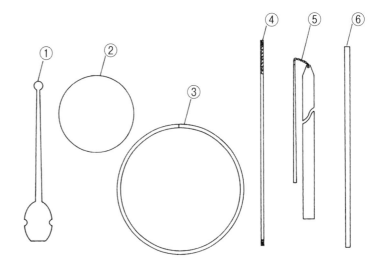

○ 正しい使い方

(1) こん棒①は、体育館の床とこん棒に傷をつけないために、マット等を敷いて使用して下さい。

(2) ボール②は適量の空気圧を調節し、体育館の床またはマットの上で使用して下さい。

(3) 輪③は、体育館の床と輪に傷をつけないために、マット等を敷いて使用して下さい。

(4) 縄④を使用のときは、縄がぶつからないよう周囲に注意をはらって下さい。

(5) リボン⑤を使用のときは、リボンがぶつからないよう周囲に注意をはらって下さい。

(6) 体操棒⑥は、体育館の床と体操棒に傷をつけないために、マット等を敷いて使用して下さい。

(7) 管理者を定め適切な指導のもとで使用し、本来の目的以外に使用しないで下さい。

○ 安全点検の時期と内容

点検箇所	点検内容	定期点検時期	標準耐用年数
こん棒	つなぎ目にがたつきがないかを確認する	使用毎	2年
ボール	適量の空気が入っているかを確認する	使用毎	6ヵ月
輪	接続部にがたつきがないかを確認する	使用毎	2年
縄	部分的に切断等がないかを確認する	使用毎	2年
リボン	接続部分が外れていないかを確認する	使用毎	1年
体操棒	き裂、とがり、ささくれ等がないかを確認する	使用毎	1年

※上記の点検内容にもとづいて日常点検をおこなって下さい。

※異状が確認された場合は直ちに使用を中止して、製造業者、または販売代理店にすみやかに連絡をとり、修理または交換等の適切な処置をして下さい。

○ 維持管理について [専門業者によるメンテナンスを受けて下さい]

(1) 直射日光が当たらず、温度差の少ない、湿気の少ない場所に保管して下さい。

(2) 熱を発する物のそばには保管しないで下さい。

(3) こん棒は立てて保管して下さい。

(4) ボールは空気を少なめにして保管して下さい。

(5) 輪は横にして保管して下さい。

番号	名　称
①	表示カード
②	フレーム
③	脚
④	キャスター
⑤	端具

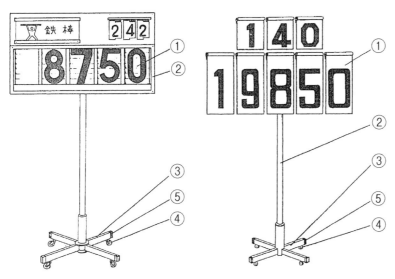

得点板 体操用

○ 正しい使い方

(1) 器具が組立式の場合、組立取扱説明書に従い正しくセットして下さい。

(2) 器具庫からの出し入れの時は、扉、壁に当てないよう、また乱暴に取扱いはしないで下さい。

(3) 子供が乗って遊ばないよう指導して下さい。

(4) 管理者を定め適切な指導のもとで使用し、本来の目的以外に使用しないで下さい。

○ 安全点検の時期と内容

点検箇所	点検内容	定期点検時期	標準耐用年数
フレーム、脚	曲り、溶接部のき裂等がないかを確認する	1年	5年
表示カード	破れ、はがれ等の損傷がないかを確認する	1ヵ月	2年
キャスター	摩耗、異常音がないかを確認する	6ヵ月	2年
接合部	ボルトナットの緩み、脱落等がないかを確認する	6ヵ月	5年
端具	脱落、損傷等がないかを確認する	6ヵ月	5年

※上記の点検内容にもとづいて日常点検をおこなって下さい。

※異状が確認された場合は直ちに使用を中止して、製造業者、または販売代理店にすみやかに連絡をとり、修理または交換等の適切な処置をして下さい。

○ 維持管理について [専門業者によるメンテナンスを受けて下さい]

(1) 直射日光の当たらない、湿気の少ない場所に保管して下さい。

(2) 表示カードに角のとがったもの等をあてないで下さい。

(3) 脚部に重量物を載せないで下さい。

(4) 塗装部にはがれがあれば早期に補修塗装して下さい。

タンマ台

番号	名　称
①	箱
②	脚部
③	ゴムシート

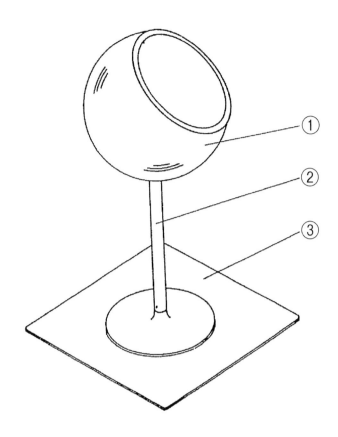

◯ 正しい使い方

(1) 設置場所にゴムシート等を敷いて使用して下さい。

(2) 炭酸マグネシウムをまき散らさないようにして下さい。

(3) 管理者を定め適切な指導のもとで使用し、本来の目的以外に使用しないで下さい。

◯ 安全点検の時期と内容

点検箇所	点検内容	定期点検時期	標準耐用年数
箱	破損、著しい変形等がないかを確認する	1 年	5 年
脚	曲り、著しい変形等がないかを確認する	1 年	5 年

※上記の点検内容にもとづいて日常点検をおこなって下さい。

※異状が確認された場合は直ちに使用を中止して、製造業者、または販売代理店にすみやかに連絡をとり、修理または交換等の適切な処置
　をして下さい。

◯ 維持管理について [専門業者によるメンテナンスを受けて下さい]

(1) 直射日光の当たらない、湿気の少ない場所に保管して下さい。

(2) タンマ台の上には、角のとがったもの及び重量物を載せないで下さい。

番号	名 称
①	頭部帆布
②	頭部緩衝材
③	段箱
④	すみ木・金具
⑤	手掛け穴
⑥	手掛け溝
⑦	保護端具

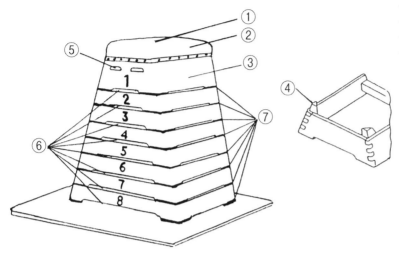

◯ 正しい使い方

(1) 運搬及び組立は、手掛け穴⑤または手掛け溝⑥に手を掛け、特に大型のものについては重量が大きいので分割して二人以上で運搬し、各段箱③を確実に組み立てて下さい。

(2) 平たんな床面の上に設置して下さい。

(3) 設置する床面には、滑り止め具等(金具、下敷きゴムマット等)を使用して下さい。

(4) 頭部の帆布①の破れ、すみ木④の破損、段箱③の破損、ぐらつき等があれば使用しないで下さい。

(5) 管理者を定め適切な指導のもとで使用し、本来の目的以外に使用しないで下さい。

◯ 誤った使い方の一例

(1) とび箱頭部にとがったものや重いものを載せること、棒などでたたくことは、帆布や緩衝材が傷み、転倒など思いがけない事故につながることがあります。

(2) とび箱の各段箱を同一セットではないもので組み合わせて使用すると、正しく組み合わせができず、商品の破損やがたつくなど思いがけない事故につながることがあります。

◯ 安全点検の時期と内容

点検箇所	点検内容	定期点検時期	標準耐用年数
頭部帆布	破れ、緩み等がないかを確認する	6ヵ月	2年
緩衝材	弾性が著しく劣化していないかを確認する	6ヵ月	2年
各段箱、手掛け穴、手掛け溝	ばり、とがり、ささくれ等がないか、また、がたつきがなく確実に積み重ねられるかを確認する	3ヵ月	3年
すみ木・金具	破損、変形、緩みがないかを確認する	3ヵ月	1年
保護端具	破損、変形等がないかを確認する	3ヵ月	1年

※上記の点検内容にもとづいて日常点検をおこなって下さい。

※異状が確認された場合は直ちに使用を中止して、製造業者、または販売代理店にすみやかに連絡をとり、修理または交換等の適切な処置をして下さい。

◯ 維持管理について [専門業者によるメンテナンスを受けて下さい]

(1) 直射日光の当たらない、湿気の少ない場所に保管して下さい。

(2) 平たんな床面の上に保管して下さい。

(3) 各段箱の正しい順番に確実に重ね合わせて保管して下さい。

(4) とび箱頭部には、角のとがったもの及び重量物を載せないで下さい。

(5) 冷暖房機、乾燥機及び高熱を発するものの近くには置かないで下さい。

とび箱 教育用

距離調節器

番号	名　称
①	箱
②	本体フレーム
③	固定具
④	ストッパー
⑤	滑り止め具

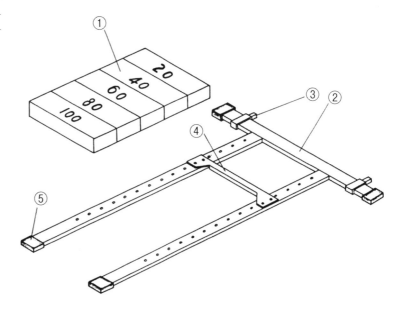

◯ 正しい使い方

(1)平たんな床面上に設置して下さい。

(2)固定具③は平行に設置し、本体フレーム②の穴に確実にセットして下さい。

(3)管理者を定め適切な指導のもとで使用し、本来の目的以外に使用しないで下さい。

◯ 安全点検の時期と内容

点検箇所	点検内容	定期点検時期	標準耐用年数
箱	割れ、打痕、ささくれ等がないかを確認する	6ヵ月	5年
固定具、ストッパー	ピンの破損、変形等がないかを確認する	6ヵ月	5年
滑り止め具	摩耗、はずれ等がないかを確認する	6ヵ月	3年

※上記の点検内容にもとづいて日常点検をおこなって下さい。

※異状が確認された場合は直ちに使用を中止して、製造業者、または販売代理店にすみやかに連絡をとり、修理または交換等の適切な処置をして下さい。

◯ 維持管理について [専門業者によるメンテナンスを受けて下さい]

(1)直射日光の当たらない、湿気の少ない場所に保管して下さい。

(2)器具庫の整理台等に保管して下さい。

(3)角のとがったもの及び重量物を載せないで下さい。

番号	名　称
①	バー
②	締め金具
③	ピン
④	支柱
⑤	床金具
⑥	支柱固定装置
⑦	ハンドル

低鉄棒

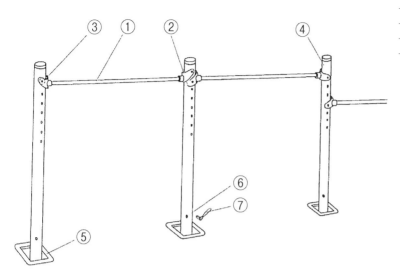

◯ 正しい使い方

(1) 支柱を床金具に設置する時は、床金具付近で一度立ててから落下させないようにゆっくり挿入して下さい。

(2) 床金具⑤の中に異物等が入っていないかを確認してから支柱④を入れてく下さい。

(3) 支柱固定装置のあるものについてはその支柱固定装置⑥にハンドル⑦で確実に締めつけて下さい。

(4) 支柱④に締め金具②をはめ込みピン③で確実に締め付け固定して下さい。

(5) バー①の高さを２欄以上同じ高さで使用する場合、次の欄より締め金具②を逆にはめ込みピン③で確実に締めつけて から使用して下さい。

(6) 管理者を定め適切な指導のもとで使用し、本来の目的以外に使用しないで下さい。

◯ 安全点検の時期と内容

点検箇所	点検内容	定期点検時期	標準耐用年数
バー	バー表面のさび、曲り、変形等がないかを確認する	３ヵ月	５年
締め金具	摩耗、破損、変形、さび等がないかを確認する	６ヵ月	２年
固定ハンドル	ネジ部の摩耗、破損、さび等がないかを確認する	３ヵ月	２年

※上記の点検内容にもとづいて日常点検をおこなって下さい。

※異状が確認された場合は直ちに使用を中止して、製造業者、または販売代理店にすみやかに連絡をとり、修理または交換等の適切な処置 をして下さい。

◯ 維持管理について［ 専門業者によるメンテナンスを受けて下さい ］

(1) 直射日光の当たらない、湿気の少ない場所に保管して下さい。

(2) 器具庫の整理台等に掛けて保管して下さい。

(3) 塗装部にはがれがあれば早期に補修塗装して下さい。

床金具

番号	名　称
①	ふた
②	外枠
③	収納ケース
④	埋設管
⑤	コンクリート

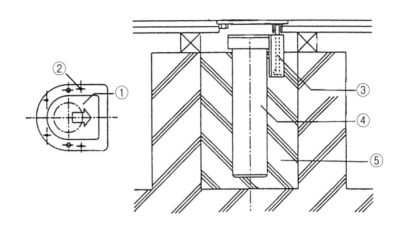

○ 正しい使い方

(1) ふた①を開け、収納ケース③に格納して下さい。

(2) 支柱等は、床金具①②の上に落とさないように埋設管④に静かに差し込んで下さい。

(3) 支柱等を抜き取る時は、周囲に注意を払い慎重におこなって下さい。

(4) 使用しないときは、ふたを確実にしめて下さい。

(5) 管理者を定め適切な指導のもとで使用し、本来の目的以外に使用しないで下さい。

○ 安全点検の時期と内容

点検箇所	点検内容	定期点検時期	標準耐用年数
ふた	破損、変形等がないかを確認する	3ヵ月	5年
外枠	ねじの緩み、破損、変形等がないかを確認する	3ヵ月	5年
埋設管	ぐらつき等がないかを確認する	3ヵ月	7年

※上記の点検内容にもとづいて日常点検をおこなって下さい。

※異状が確認された場合は直ちに使用を中止して、製造業者、または販売代理店にすみやかに連絡をとり、修理または交換等の適切な処置をして下さい。

○ 維持管理について［専門業者によるメンテナンスを受けて下さい］

(1) ふたの開閉部及び埋設管の内部にゴミがたまらないようにして下さい。

(2) 床面が伸縮して移動する場合があるので、支柱等が差し込める十分な隙間が確保されているかを常に注視して下さい。

(3) 床金具の上に角のとがったもの及び重量物を置かないで下さい。

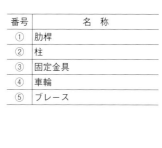

番号	名 称
①	肋桿
②	柱
③	固定金具
④	車輪
⑤	ブレース

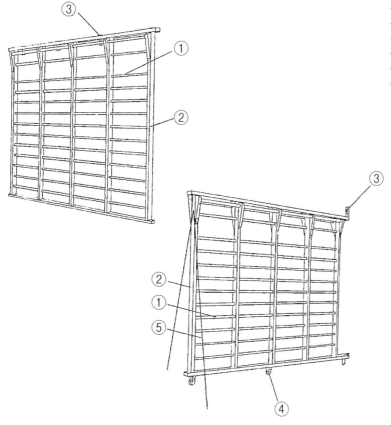

◯ 正しい使い方

(1) 柱②の中央部を水平方向へ無理にひっぱらないで下さい。

(2) 肋木の前面床にはマット等を敷いて運動して下さい。

(3) 落下防止のため回転肋木は、指定位置でブレース⑤を確実に張ってから使用して下さい。

(4) 管理者を定め適切な指導のもとで使用し、本来の目的以外に使用しないで下さい。

◯ 安全点検の時期と内容

点検箇所	点検内容	定期点検時期	標準耐用年数
肋桿、柱	破損、ささくれ、そり、変形等がないかを確認する	6ヵ月	5年
回転部	油ぎれ、摩耗、変形等がないかを確認する	6ヵ月	5年
接合部	ボルト・ナット等の緩み、破損、変形等がないかを確認する	6ヵ月	5年
固定金具	曲り、変形、塗装のはがれ、さび等がないかを確認する	6ヵ月	7年
車輪	摩耗、破損、はがれ等がないかを確認する	6ヵ月	2年

※上記の点検内容にもとづいて日常点検をおこなって下さい。

※異状が確認された場合は直ちに使用を中止して、製造業者、または販売代理店にすみやかに連絡をとり、修理または交換等の適切な処置
をして下さい。

◯ 維持管理について [専門業者によるメンテナンスを受けて下さい]

(1) 直射日光の当たらない、湿気の少ない場所に設置して下さい。

(2) 接合部のボルト・ナット等は振動で緩みますので定期点検をおこなって下さい。

(3) 暖房機を近づけたり極度に乾燥した状態にはしないで下さい。

(4) 回転部には機械油を注油して下さい。

(5) 塗装部にはがれがあれば早期に補修塗装して下さい。

肋
木

つり縄

番号	名　称
①	レール
②	固定金具
③	滑走吊り金具
④	連結チェーン
⑤	縄(棒、リング)

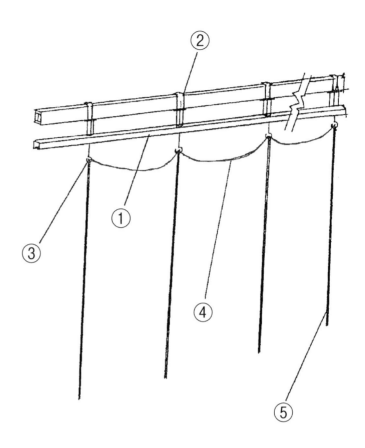

◯ 正しい使い方

(1) ゆっくりと先端の縄⑤を移動させて所定の位置にセットして下さい。

(2) 縄⑤に複数の人がぶら下がったり、横に強く振ったりしないで下さい。

(3) 操作手順は取扱説明書に従っておこなって下さい。

(4) 管理者を定め適切な指導のもとで使用し、本来の目的以外に使用しないで下さい。

◯ 安全点検の時期と内容

点検箇所	点検内容	定期点検時期	標準耐用年数
レール、固定金具	曲り、破損、変形等がないかを確認する	6ヵ月	5年
滑走吊り金具	破損、摩耗、変形等がないかを確認する	6ヵ月	3年
連結金具	破損、摩耗、変形等がないかを確認する	6ヵ月	3年
接合部	ボルト・ナットの緩み、破損、変形等がないかを確認する	6ヵ月	5年
縄(棒、リング)	破損、摩耗、ささくれ等がないかを確認する	3ヵ月	3年

※上記の点検内容にもとづいて日常点検をおこなって下さい。

※異状が確認された場合は直ちに使用を中止して、製造業者、または販売代理店にすみやかに連絡をとり、修理または交換等の適切な処置をして下さい。

◯ 維持管理について [専門業者によるメンテナンスを受けて下さい]

(1) 建物の小さな振動でボルト・ナット等は緩みます。専門業者によるメンテナンスを定期的に受けて下さい。

(2) 掃除等のときは、縄(棒)は水に濡らさないようにして下さい。

(3) 縄(棒)の近くに暖房機は置かないで下さい。

(4) 回転部には機械油を注油して下さい。

番号	名　称
①	バー
②	支柱
③	固定金具

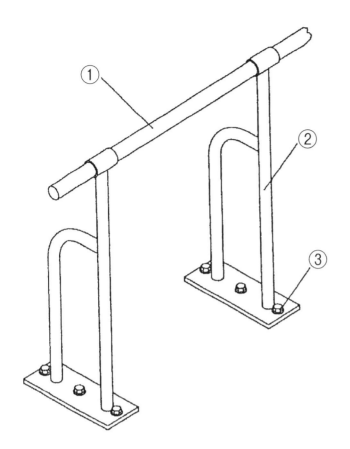

ダンスバー

○ 正しい使い方

(1) 手や足を軽くそえて使用して下さい。

(2) 高さ調節機能がある場合は、調節ねじを確実に締めて使用して下さい。

(3) 管理者を定め適切な指導のもとで使用し、本来の目的以外に使用しないで下さい。

○ 安全点検の時期と内容

点検箇所	点検内容	定期点検時期	標準耐用年数
バー	き裂、ささくれ、破損、そり等がないかを確認する	3ヵ月	1年
支柱	変形、曲り等がないかを確認する	6ヵ月	3年
固定金具	ボルト・ナットの緩み、変形等がないかを確認する	6ヵ月	3年

※上記の点検内容にもとづいて日常点検をおこなって下さい。

※異状が確認された場合は直ちに使用を中止して、製造業者、または販売代理店にすみやかに連絡をとり、修理または交換等の適切な処置をして下さい。

○ 維持管理について [専門業者によるメンテナンスを受けて下さい]

(1) 使用後は必ず汗や水をふきとって下さい。

(2) 塗装部にはがれがあれば早期に補修塗装して下さい。

鏡

番号	名　称
①	鏡
②	キャスター
③	扉
④	取っ手

引戸固定式

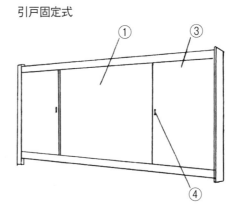

移動式

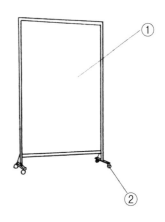

◯ 正しい使い方

(1) 扉③は完全に開いて使用して下さい。

(2) 鏡①に触れない位置まで下がって使用して下さい。

(3) 危険防止のため鏡①に硬い物を絶対に当てないようにして下さい。

(4) 移動式の場合は平たんな場所に置き、鏡①にゆがみのないようにして下さい。

(5) 管理者を定め適切な指導のもとで使用し、本来の目的以外に使用しないで下さい。

◯ 安全点検の時期と内容

点検箇所	点検内容	定期点検時期	標準耐用年数
鏡	割れ、破損、ゆがみ、変形等がないかを確認する	3ヵ月	2年
扉	破損、ささくれ、そり、変形等がないかを確認する	6ヵ月	2年
取っ手、キャスター	摩耗、破損、はがれ等がないかを確認する	6ヵ月	2年
接合部	ボルト・ナットの緩み、破損、変形等がないかを確認する	6ヵ月	5年
車輪	摩耗、破損、はがれ等がないかを確認する	6ヵ月	5年

※上記の点検内容にもとづいて日常点検をおこなって下さい。

※異状が確認された場合は直ちに使用を中止して、製造業者、または販売代理店にすみやかに連絡をとり、修理または交換等の適切な処置をして下さい。

◯ 維持管理について［専門業者によるメンテナンスを受けて下さい］

(1) 直射日光の当たらない、湿気の少ない場所に保管(設置)して下さい。

(2) 暖房機の近くや極度に乾燥した場所には保管(設置)しないで下さい。

(3) 使用後は扉を閉めて下さい。

(4) 回転部には機械油を注油して下さい。

(5) 塗装部にはがれがあれば早期に補修塗装して下さい。

番号	名　称
①	ネット
②	固定金具
③	移動吊り具
④	ワイヤー
⑤	操作ロープ
⑥	レール
⑦	ランナー
⑧	巻き上げ機
⑨	電動巻き取り機
⑩	ロープ滑車

防球ネット

固定式・手引き式
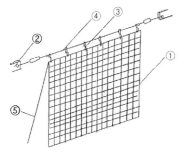

電動式
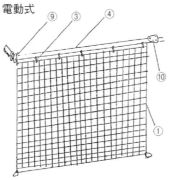

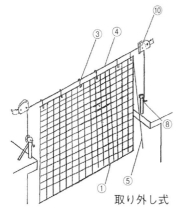
取り外し式

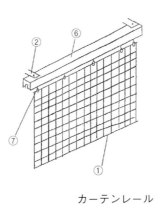
カーテンレール

◯ 正しい使い方

(1) 転倒防止のためネット①は踏まないようにして下さい。

(2) ネット①にぶら下がったり、登ったりしないで下さい。非常に危険です。

(3) ネット①の開閉の位置に障害物がないか確認して操作して下さい。

(4) 開閉の方法は、型式やメーカーにより異なります。操作手順は取扱説明書に従っておこなって下さい。

(5) ネット①を使用しない時は収納後たばねておいて下さい。

(6) ネットのすそ止め重りは、とりはずしてから操作して下さい。

(7) 管理者を定め適切な指導のもとで使用し、本来の目的以外に使用しないで下さい。

◯ 安全点検の時期と内容

点検箇所	点検内容	定期点検時期	標準耐用年数
固定金具	破損、変形等がないかを確認する	6ヵ月	7年
移動吊り具	破損、摩耗、変形等がないかを確認する	6ヵ月	3年
巻き上げ機	破損、摩耗、変形等がないかを確認する	6ヵ月	3年
接合部	ボルト・ナットの緩み、破損、変形等がないかを確認する	6ヵ月	5年
ワイヤー	摩耗、ささくれ、変形等がないかを確認する	3ヵ月	2年
ネット、操作ロープ	破れ、ほつれ等がないかを確認する	3ヵ月	2年
レール、ランナー	曲り、摩耗、変形等がないかを確認する	6ヵ月	3年

※上記の点検内容にもとづいて日常点検をおこなって下さい。

※異状が確認された場合は直ちに使用を中止して、製造業者、または販売代理店にすみやかに連絡をとり、修理または交換等の適切な処置
　をして下さい。

◯ 維持管理について ［専門業者によるメンテナンスを受けて下さい］

(1) 建物の小さな振動でボルト・ナット等は緩みます。専門業者によるメンテナンスを定期的に受けて下さい。

(2) ネットの近くに暖房機は置かないで下さい。

(3) 回転部には機械油を注油して下さい。

(4) 塗装部にはがれがあれば早期に補修塗装して下さい。

吊りバトン 手動式・電動式

番号	名 称
①	ロープ
②	滑車
③a	巻き取り器（手動）
③b	巻き取り器（電動モーター）
④	バトン

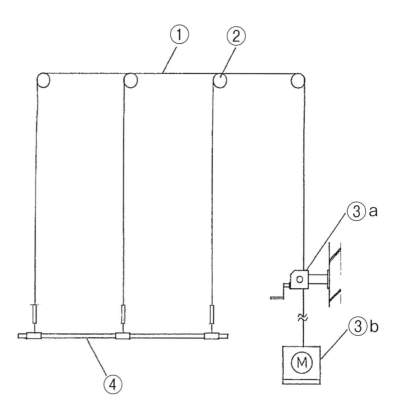

◯ 正しい使い方

(1) 展示物はバトン④にバランスよくしっかり取り付けて使用して下さい。

(2) 操作時バトン④を見ながら操作して下さい。（または、スイッチ③bにて上下操作をして下さい。）

(3) 降ろす時は下に物や人がいないのを確認してからゆっくりと降ろして下さい。

(4) ぶら下がったり、バトンを前後左右に振ったりしないで下さい。

(5) ワイヤに均等に荷重がかかるようにして下さい。片寄ってる場合ワイヤのからみ等の原因になります。

(6) 管理者を定め適切な指導のもとで使用し、本来の目的以外に使用しないで下さい。

◯ 安全点検の時期と内容

点検箇所	点検内容	定期点検時期	標準耐用年数
ロープ	摩耗、ささくれ等がないかを確認する	6ヵ月	2年
滑車	摩耗、変形等がないかを確認する	6ヵ月	3年
巻き取り器(手動)	ギアーの摩耗、異常音等が発生していないかを確認する	6ヵ月	3年
巻き取り器(電動モーター)	異常音等が発生していないかを確認する	6ヵ月	3年

※上記の点検内容にもとづいて日常点検をおこなって下さい。

※異状が確認された場合は直ちに使用を中止して、製造業者、または販売代理店にすみやかに連絡をとり、修理または交換等の適切な処置
　をして下さい。

◯ 維持管理について ［ 専門業者によるメンテナンスを受けて下さい ］

(1) 回転部には注油して下さい。

(2) 使用しない時には必ず巻き上げて固定し、ロックしておいて下さい。

(3) 塗装にはがれがあれば早期に補修塗装して下さい。

点検の難易度／★★★★★
誤使用の危険度／★★★★★

番号	名　称
①	ピット
②	ウレタンチップ
③	吊り上げロープ
④	ベルト
⑤	ロープ滑車

ピット・ロージェ

○ 正しい使い方

(1) 危険防止のため適切な指導のもとで使用して下さい。
(2) ピット①の中のウレタンチップ②はよく掘り起こしてから使用して下さい。
(3) ベルト④はしっかりと所定の位置にセットしてから使用して下さい。
(4) 吊り上げロープ③を持つ人は演技者と呼吸をあわせ、危険な落下の場合の吊り上げロープ③の引き上げには細心の注意をはらって下さい。
(5) 操作方法については取扱説明書に従っておこなって下さい。
(6) 管理者を定め適切な指導のもとで使用し、本来の目的以外に使用しないで下さい。

○ 安全点検の時期と内容

点検箇所	点検内容	定期点検時期	標準耐用年数
ウレタンチップ	割れ、劣化等がないかを確認する	3ヵ月	1年
ベルト	切れ、ほつれ、摩耗等がないかを確認する	6ヵ月	2年
吊り上げロープ	切れ、ほつれ、摩耗等がないかを確認する	3ヵ月	1年
接合部	ボルト・ナットの緩み、破損、変形等がないかを確認する	6ヵ月	5年
ロープ滑車	破損、摩耗等がないかを確認する	6ヵ月	3年

※上記の点検内容にもとづいて日常点検をおこなって下さい。
※異状が確認された場合は直ちに使用を中止して、製造業者、または販売代理店にすみやかに連絡をとり、修理または交換等の適切な処置をして下さい。

○ 維持管理について [専門業者によるメンテナンスを受けて下さい]

(1) 建物の小さな振動でボルト・ナット等は緩みます。専門業者によるメンテナンスを定期的に受けて下さい。
(2) ウレタンチップのクズは毎日掃除して下さい。
(3) ピットの近くでは火気には十分注意して下さい。
(4) 回転部には機械油を注油して下さい。
(5) 塗装にはがれがあれば早期に補修塗装して下さい。

電光得点盤

番号	名　称
①	表示盤
②	操作盤
③	電源コード
④	キャスター
⑤	電気部品
⑥	支柱

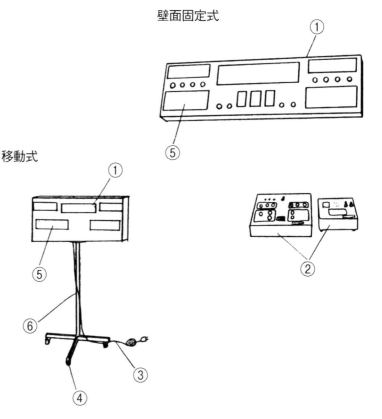

壁面固定式

移動式

○ 正しい使い方

(1)差込みプラグの抜き差しは電源コード③部分は引張らず、必ず差込みプラグを持っておこなって下さい。

(2)落雷しますと電気部品が故障する場合があります。近くで雷が鳴り出したら電源は切って下さい。

(3)感電防止のため電源コード③や電気部品⑥には、ぬれた手で絶対に触れないで下さい。

(4)機器の消費電力にまにあう電気容量を準備して下さい。

(5)移動式の場合、表示盤①は平たんな床面に安定した状態で設置して下さい。

(6)操作手順は取扱説明書に従っておこなって下さい。

(7)管理者を定め適切な指導のもとで使用し、本来の目的以外に使用しないで下さい。

○ 安全点検の時期と内容

点検箇所	点検内容	定期点検時期	標準耐用年数
電気部品	異状な発熱、煙、異常音やにおい等がないかを確認する	3ヵ月	2年
電源コード	異状な発熱、煙、異常音やにおい等がないかを確認する	3ヵ月	2年
表示盤、操作盤、支柱	破損、変形、塗装のはがれ、さび等がないかを確認する	6ヵ月	5年
キャスター	摩耗、破損、はがれ等がないかを確認する	6ヵ月	2年
接合部	ボルト・ナットの緩み、破損、変形等がないかを確認する	6ヵ月	5年

※上記の点検内容にもとづいて日常点検をおこなって下さい。

※異状が確認された場合は直ちに使用を中止して、製造業者、または販売代理店にすみやかに連絡をとり、修理または交換等の適切な処置をして下さい。

○ 維持管理について ［ 専門業者によるメンテナンスを受けて下さい ］

(1)直射日光の当たらない、湿気の少ない場所に保管（設置）して下さい。

(2)操作盤、コード等には、角のとがったもの及び重量物は載せないで下さい。

(3)塗装部にはがれがあれば早期に補修塗装して下さい。

(4)汚れは柔らかい布でからぶきしてください。シンナー、アルコール等は表面を傷めますので使用しないでください。

番号	名　称
①	発泡体マット
②	ジョイント部

ユニットマット

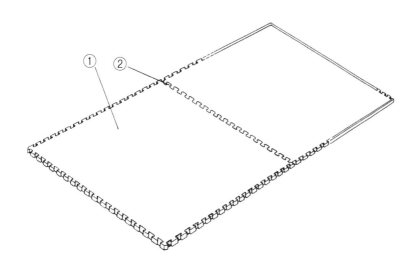

○ 正しい使い方

(1)平たんな床面の上に設置して下さい。

(2)ジョイント部②のさしこみ、取り出しの際にはちぎれないよう十分注意して下さい。

(3)必要に応じて適切に重ね合わせて使用して下さい。

(4)管理者を定め適切な指導のもとで使用し、本来の目的以外に使用しないで下さい。

○ 誤った使い方の一例

(1)違う種類のマットをジョイントすることは、転倒など思いがけない事故が発生することがあり危険です。

○ 安全点検の時期と内容

点検箇所	点検内容	定期点検時期	標準耐用年数
マット表面	摩耗、破損部分等がないかを確認する	3ヵ月	2年
ジョイント部	著しい変形、破れ等がないかを確認する	2ヵ月	1年

※上記の点検内容にもとづいて日常点検をおこなって下さい。

※異状が確認された場合は直ちに使用を中止して、製造業者、または販売代理店にすみやかに連絡をとり、修理または交換等の適切な処置をして下さい。

○ 維持管理について [専門業者によるメンテナンスを受けて下さい]

(1)直射日光の当たらない、湿気の少ない場所に保管して下さい。

(2)無理に折曲げたりしないで平たんな床面の上に保管して下さい。

(3)マットの上には、角のとがったもの及び重量物を載せないで下さい。

点 検 の 難 易 度／★☆☆☆☆
誤使用の危険度／★★☆☆☆

人工芝

番号	名　称
①	人工芝表面
②	ジョイント部(継目)

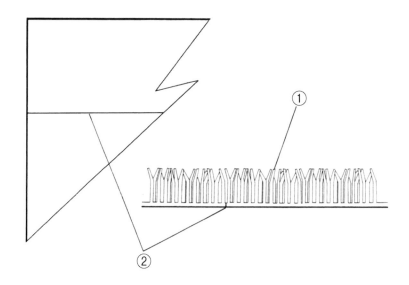

○ 正しい使い方

(1) 表面①にとがったものやガラス片等の異物がないかを確認して下さい。

(2) 平たんな床面に設置し、床面から浮いた部分がないように敷き込んで下さい。

(3) 管理者を定め適切な指導のもとで使用し、本来の目的以外に使用しないで下さい。

○ 安全点検の時期と内容

点検箇所	点検内容	定期点検時期	標準耐用年数
人工芝表面	摩耗、破損部等がないかを確認する	1ヵ月	1年
ジョイント部(継目)	はがれ、破損等がないかを確認する	1ヵ月	1年

※上記の点検内容にもとづいて日常点検をおこなって下さい。

※異状が確認された場合は直ちに使用を中止して、製造業者、または販売代理店にすみやかに連絡をとり、修理または交換等の適切な処置をして下さい。

○ 維持管理について [専門業者によるメンテナンスを受けて下さい]

(1) 人工芝の上には、角のとがったものや重量物を載せないで下さい。

(2) 摩耗、破損等があった場合は、早期に部分補修をして下さい。

番号	名　称
①	畳ビニール表
②	畳固定縫糸
③	裏シート

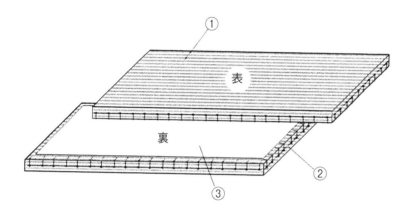

○ 正しい使い方
(1)寄せ枠の前に並べると早く、容易にセッティングできます。
(2)管理者を定め適切な指導のもとで使用し、本来の目的以外に使用しないで下さい。

○ 安全点検の時期と内容

点検箇所	点検内容	定期点検時期	標準耐用年数
畳ビニール表	はがれ、緩み、摩耗及び破れ等がないかを確認する	6ヵ月	3年
畳固定縫糸	き裂、破損等がないかを確認する	6ヵ月	1年
裏シート	はがれ、緩み、摩耗及び破れ等がないかを確認する	6ヵ月	1年

※上記の点検内容にもとづいて日常点検をおこなって下さい。
※異状が確認された場合は直ちに使用を中止して、製造業者、または販売代理店にすみやかに連絡をとり、修理または交換等の適切な処置
　をして下さい。

○ 維持管理について [専門業者によるメンテナンスを受けて下さい]
(1)直射日光の当たらない、風通しの良い場所に保管して下さい。
(2)専用運搬車または平たんな所に保管して下さい。
(3)20枚以上は積み重ねて保管しないで下さい。

柔道畳

畳用枠

番号	名　称
①	寄せ枠
②	枠固定ボルト
③	固定受け金具
④	レンチ
⑤	(畳)

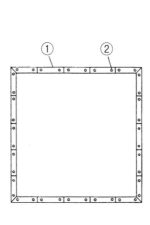
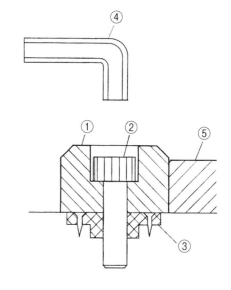

◯ 正しい使い方

(1) 組み立ての前に、所定の位置に並べることにより早く組み立てができます。

(2) 枠固定ボルト②は最後まで締め、使用して下さい。

(3) 管理者を定め適切な指導のもとで使用し、本来の目的以外に使用しないで下さい。

◯ 安全点検の時期と内容

点検箇所	点検内容	定期点検時期	標準耐用年数
寄せ枠	き裂、緩み、ささくれ、そり等がないかを確認する	3ヵ月	3年
枠固定ボルト	変形、摩耗、破損等がないかを確認する	6ヵ月	5年
固定受け金具	変形、摩耗、破損等がないかを確認する	6ヵ月	5年
レンチ	変形、摩耗、破損等がないかを確認する	6ヵ月	5年

※上記の点検内容にもとづいて日常点検をおこなって下さい。

※異状が確認された場合は直ちに使用を中止して、製造業者、または販売代理店にすみやかに連絡をとり、修理または交換等の適切な処置をして下さい。

◯ 維持管理について [専門業者によるメンテナンスを受けて下さい]

(1) 直射日光の当たらない、風通しの良い場所に保管して下さい。

(2) 部品及び材料を1ヶ所にまとめて保管して下さい。

(3) 平たんな所に置き保管して下さい。

点検の難易度／★★★★☆
誤使用の危険度／★★★★☆

番号	名　称
①	面金
②	面布団
③	顎
④	胴台
⑤	胸
⑥	手の内
⑦	小手紐
⑧	肘(小手布団)
⑨	小手頭
⑩	帯
⑪	大垂
⑫	垂紐

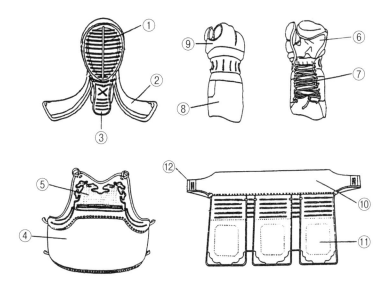

○ 正しい使い方

(1) 使用者の体型に合った防具を使用し、正しく装着して下さい。

(2) 毎回使用前の点検をおこなって下さい。特に面金①、顎③の破損等は重大な事故に結びつくので、十分な注意が必要です。

(3) 面を付けたりはずしたりする時は、顎③を持たないで下さい。また顎③を持って振り回したり、折り曲げたりしないで下さい。

(4) 胴台④の上に乗ったり、重い物を乗せたりしないで下さい。

(5) 管理者を定め適切な指導のもとで使用し、本来の目的以外に使用しないで下さい。

○ 安全点検の時期と内容

点検箇所	点検内容	定期点検時期	標準耐用年数
面金	変形、さび、ぐらつき等がないかを確認する	使用毎	7年
顎	接続部の破損、ぐらつき、ほつれ等がないかを確認する	使用毎	1年
胴台、胸	破損、変形、摩耗等がないかを確認する	使用毎	5年
小手	破損、変形、ひびわれ等がないかを確認する	使用毎	1年
垂	破損、変形、ほつれ等がないかを確認する	使用毎	2年

※上記の点検内容にもとづいて日常点検をおこなって下さい。
※異状が確認された場合は直ちに使用を中止して、製造業者、または販売代理店にすみやかに連絡をとり、修理または交換等の適切な処置をして下さい。

○ 維持管理について [専門業者によるメンテナンスを受けて下さい]

(1) 直射日光の当たらない、湿気の少ない場所に保管して下さい。

(2) 使用後は乾いた布でふき、時々陰干しやブラシ掛けをして下さい。

(3) 冷暖房機、乾燥機及び高熱を発する物の近くには置かないで下さい。

剣道打込み台 腕付き

番号	名　称
①	固定ボルト
②	腕調節ピン
③	高さ調節ピン
④	支柱
⑤	土台

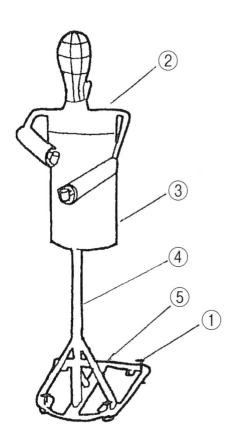

② ③ ④ ⑤ ①

○ 正しい使い方

(1) 平たんな床面の上に設置して下さい。

(2) 固定ボルト①を最後まで締めて使用して下さい。

(3) 腕調節ピン②はしっかりと奥まで差し込んで下さい。

(4) 高さ調節ピン③はしっかりと奥まで差し込んで下さい。

(5) 管理者を定め適切な指導のもとで使用し、本来の目的以外に使用しないで下さい。

○ 安全点検の時期と内容

点検箇所	点検内容	定期点検時期	標準耐用年数
固定ボルト	変形、摩耗、破損等がないかを確認する	3ヵ月	3年
腕調節ピン	変形、摩耗、破損等がないかを確認する	3ヵ月	3年
高さ調節ピン	変形、摩耗、破損等がないかを確認する	3ヵ月	3年

※上記の点検内容にもとづいて日常点検をおこなって下さい。

※異状が確認された場合は直ちに使用を中止して、製造業者、または販売代理店にすみやかに連絡をとり、修理または交換等の適切な処置をして下さい。

○ 維持管理について [専門業者によるメンテナンスを受けて下さい]

(1) 平たんな場所に、転倒しないように保管して下さい。

(2) 塗装部にはがれがあれば早期に部分補修をして下さい。

(3) 使用しないときは、腕調節ピン、高さ調節ピンは抜いておいて下さい。

番号	名　称
①	持手
②	荷台
③	キャスター
④	コーナー保護具

運搬車

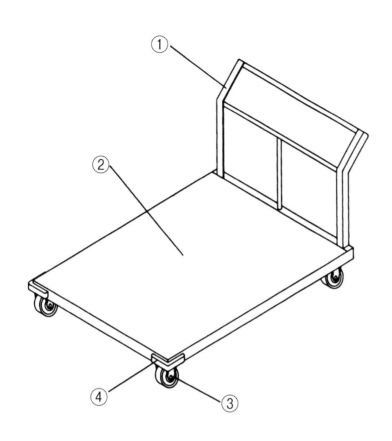

◯ 正しい使い方

(1) 器具が組立式の場合、組立取扱説明書に従い正しくセットして下さい。

(2) 運搬車に荷物を乗せた状態での保管はやめて下さい。

(3) 子供が乗って遊ばないよう指導して下さい。

(4) 運搬車に積載する荷物は落ちないよう正しい位置に載せ、荷台から突出した状態での運搬はやめて下さい。

(5) 管理者を定め適切な指導のもとで使用し、本来の目的以外に使用しないで下さい。

◯ 誤った使い方の一例

(1) 乗り物や遊び道具として使用することは、転倒や挟まれるなど思いがけない事故につながることがあります。

◯ 安全点検の時期と内容

点検箇所	点検内容	定期点検時期	標準耐用年数
持手	変形、溶接箇所に異状等がないかを確認する	6ヵ月	3年
荷台	変形、溶接箇所に異状等がないかを確認する	6ヵ月	3年
キャスター	キャスターの動き、タイヤの摩耗、破損、変形等がないかを確認する	3ヵ月	2年
コーナー保護具	脱落がないかを確認する	6ヵ月	3年

※上記の点検内容にもとづいて日常点検をおこなって下さい。

※異状が確認された場合は直ちに使用を中止して、製造業者、または販売代理店にすみやかに連絡をとり、修理または交換等の適切な処置をして下さい。

◯ 維持管理について［専門業者によるメンテナンスを受けて下さい］

(1) 塗装部にはがれがあれば早期に補修塗装して下さい。

(2) キャスターには定期的に注油して下さい。

点検の難易度／★★☆☆☆
誤使用の危険度／★☆☆☆☆

フロアシート巻取器

番号	名　称
①	巻き取りバー
②	ハンドル
③	テンションバー（前）
④	キャスター
⑤	テンションバー（後）
⑥	本体ステーバー
⑦	本体ステーバー止め金具
⑧	テンションバー止め金具
⑨	ステーバー

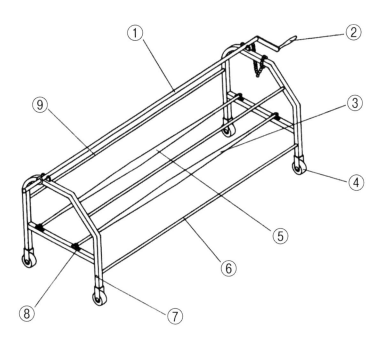

◯ 正しい使い方

(1) 巻き取りバー①を本体にセットし、ハンドル②をつけて下さい。

(2) シートをステーバー⑨の下、テンションバー③の上、テンションバー⑤の下、ステーバー⑨の後に通して下さい。

(3) シートを巻き取りバー①のシート止めとポールの間にセットして下さい。

(4) 左右2人でハンドル②を回し、シートの蛇行があれば本体を左右に振って調整しながら巻き取って下さい。シートの上に物を乗せたまま巻かないで下さい。

(5) 管理者を定め適切な指導のもとで使用し、本来の目的以外に使用しないで下さい。

◯ 安全点検の時期と内容

点検箇所	点検内容	定期点検時期	標準耐用年数
キャスター	タイヤの摩耗、回転軸に異常音等がないかを確認し、ゴミやモップの糸屑等がついていないかを確認する	3ヵ月	5年
本体ステーバー止め金具	接合部に緩みがないかを確認する 本体にがたつきがないかを確認する	6ヵ月	5年
テンションバー止め金具	ベアリングに摩耗がないかを確認する	6ヵ月	3年

※上記の点検内容にもとづいて日常点検をおこなって下さい。

※異状が確認された場合は直ちに使用を中止して、製造業者、または販売代理店にすみやかに連絡をとり、修理または交換等の適切な処置をして下さい。

◯ 維持管理について [専門業者によるメンテナンスを受けて下さい]

(1) 必ず屋内にて保管し、キャスターのストッパーをかけて下さい。

(2) キャスターに負担がかかるため、シートをのせたまま保管しないで下さい。

(3) ハンドルを紛失しないように、使用後はチェーンを使用して下さい。

(4) キャスターには定期的に注油して下さい。

番号	名　称
①	荷台
②	キャスター
③	保護端具

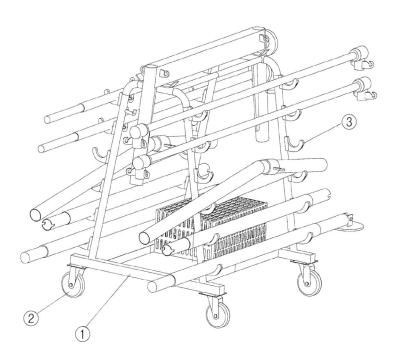

整理台車

○ 正しい使い方

(1) 器具が組立式の場合、組立取扱説明書に従い正しくセットして下さい。
(2) 整理台車には、規定物以外は積載しないで下さい。また、規定数量より多く積載しないで下さい。
(3) 子供が乗って遊ばないよう指導して下さい。
(4) 整理台車に積載する荷物は落ちないように正しい位置に載せ、片載せの状態での運搬はしないで下さい。
(5) 管理者を定め適切な指導のもとで使用し、本来の目的以外に使用しないで下さい。

○ 誤った使い方の一例

(1) 乗り物や遊び道具として使用することは、転倒や挟まれるなど思いがけない事故につながることがあります。
(2) 左右異なる高さのフックに器具を載せるとバランスを崩し、落下するなど思いがけない事故につながります。

○ 安全点検の時期と内容

点検箇所	点検内容	定期点検時期	標準耐用年数
持手	変形、溶接箇所に異状がないかを確認する	6ヵ月	3年
荷台	変形、溶接箇所に異状がないかを確認する	6ヵ月	3年
キャスター	キャスターの動き、ヤイヤの摩耗、破損、変形等がないかを確認する	3ヵ月	2年
保護端具	めくれ、ひび割れ、破損、変形等がないかを確認する	6ヵ月	2年

※上記の点検内容にもとづいて日常点検をおこなって下さい。
※異状が確認された場合は直ちに使用を中止して、製造業者、または販売代理店にすみやかに連絡をとり、修理または交換等の適切な処置をして下さい。

○ 維持管理について［専門業者によるメンテナンスを受けて下さい］

(1) 直射日光の当たらない、湿気の少ない場所に保管して下さい。
(2) キャスターには定期的に注油して下さい。
(3) 塗装部にははがれがあれば早期に補修塗装して下さい。

OUTDOORS

屋外施設器具

page number 070-099

屋外施設器具

点検の難易度／★★★☆☆
誤使用の危険度／★★★★★

バスケット台 移動式

番号	名　称
①	バックボード
②	リング
③	リングネット
④	アーム
⑤	支柱
⑥	土台フレーム
⑦	車輪(キャスター)
⑧	ストッパー
⑨	重錘(おもり)
⑩	防護マット

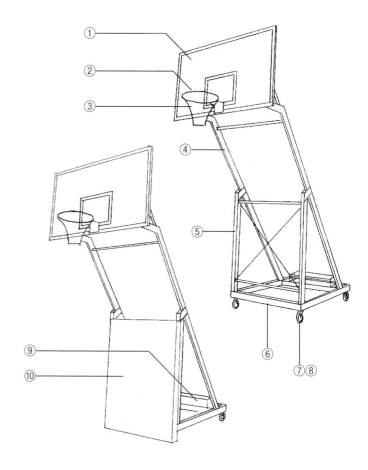

○ 正しい使い方

(1)転倒防止のため、平たんな正しい位置に設置して下さい。

(2)転倒防止のため、十分な重錘⑨を載せて下さい。

(3)移動する際には、管理者の適切な指示に従って、ゴールの外側を持ち、十分保持できる人数でおこなって下さい。

(4)移動が済んだら、ストッパー⑧を掛けて、ゴールが動かないようにして下さい。

(5)危険防止のため、バックボード①、リング②、リングネット③、アーム④、支柱⑤等に登ったりぶら下がらないで下さい。

(6)衝突時のケガを防止するため防護マット⑩を取り付けて使用して下さい。

(7)管理者を定め適切な指導のもとで使用し、本来の目的以外に使用しないで下さい。

○ 誤った使い方の一例

(1)フレーム・バックボードなどにぶら下がったりすると、器具の転倒など思いがけない事故が発生し大変危険です。

(2)土台フレームの上に乗ると、器具に巻き込まれるなど思いがけない事故が発生し危険です。

(3)強風時に使用すると、器具が転倒するなど思いがけない事故が発生し大変危険です。

○ 安全点検の時期と内容

点検箇所	点検内容	定期点検時期	標準耐用年数
バックボード	はがれ、ささくれ、割れ、変形等がないかを確認する	3ヵ月	2年
リング、リングネット	破損・変形・さび等がないかを確認する	3ヵ月	2年
アーム、支柱、土台フレーム	破損・変形・さび等がないかを確認する	6ヵ月	5年
車輪、ストッパー	破損・変形・摩耗等がないかを確認する	3ヵ月	1年
重錘	破損・変形・さび等がないかを確認する	6ヵ月	5年
接合部	ボルト・ナットの緩み、破損、変形等がないかを確認する	3ヵ月	3年
防護マット	破れ、変形、へたり等がないかを確認する	3ヵ月	1年

※上記の点検内容にもとづいて日常点検をおこなって下さい。

※異状が確認された場合は直ちに使用を中止して、製造業者、または販売代理店にすみやかに連絡をとり、修理または交換等の適切な処置をして下さい。

○ 維持管理について [専門業者によるメンテナンスを受けて下さい]

(1)塗装部にはがれがあれば早期に補修塗装をして下さい。

(2)使用しない時、または風害、水害、雪害等が予想される場合は、転倒しない措置をして保管して下さい。

点検の難易度／★★★☆☆
誤使用の危険度／★★★★★

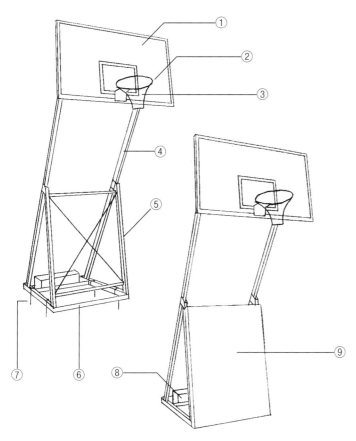

番号	名　称
①	バックボード
②	リング
③	リングネット
④	アーム
⑤	支柱
⑥	土台フレーム
⑦	打ち込み杭（転倒防止具）
⑧	重錘（おもり）
⑨	防護マット

バスケット台 設置式

○ 正しい使い方

(1)転倒防止のため、平たんな正しい位置に設置して下さい。

(2)転倒防止のため、打ち込み杭（転倒防止具）⑦で固定し、十分な重錘⑧を載せてから使用して下さい。

(3)移動する際には管理者の適切な指示に従って十分保持できる人数でおこなって下さい。

(4)危険防止のため、バックボード①、リング②、リングネット③、アーム④、支柱⑤等に登ったりぶら下がらないで下さい。

(5)衝突時のケガを防止するため防護マット⑨を取り付けて使用して下さい。

(6)管理者を定め適切な指導のもとで使用し、本来の目的以外に使用しないで下さい。

○ 誤った使い方の一例

(1)フレーム・バックボードなどにぶら下がったりすると、器具の転倒など思いがけない事故が発生し大変危険です。

(2)強風時に使用すると、器具が転倒するなど思いがけない事故が発生し大変危険です。

○ 安全点検の時期と内容

点検箇所	点検内容	定期点検時期	標準耐用年数
バックボード	はがれ、ささくれ、割れ、変形等がないかを確認する	3ヵ月	2年
リング、リングネット	破損・変形・さび等がないかを確認する	3ヵ月	2年
アーム、支柱、土台フレーム	破損・変形・さび等がないかを確認する	6ヵ月	5年
打ち込み杭、重錘	破損・変形・さび等がないかを確認する	6ヵ月	5年
接合部	ボルト・ナットの緩み、破損、変形等がないかを確認する	3ヵ月	3年
防護マット	破れ、変形、へたり等がないかを確認する	3ヵ月	1年

※上記の点検内容にもとづいて日常点検をおこなって下さい。

※異状が確認された場合は直ちに使用を中止して、製造業者、または販売代理店にすみやかに連絡をとり、修理または交換等の適切な処置をして下さい。

○ 維持管理について ［ 専門業者によるメンテナンスを受けて下さい ］

(1)塗装部にはがれがあれば早期に補修塗装をして下さい。

(2)使用しない時、または風害、水害、雪害等が予想される場合は、転倒しない措置をして保管して下さい。

点検の難易度／★★★☆☆
誤使用の危険度／★★★☆☆

バスケット台 固定式

番号	名 称
①	バックボード
②	リング
③	リングネット
④	アーム
⑤	支柱
⑥	防護マット

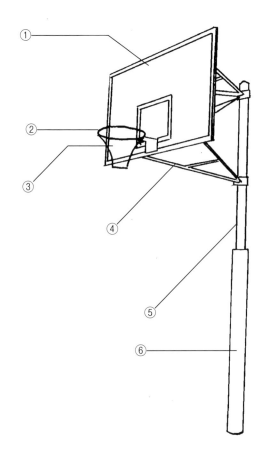

○ 正しい使い方

(1)危険防止のため、バックボード①、リング②、リングネット③、アーム④、支柱⑤等に登ったりぶら下がらないで下さい。

(2)衝突時のケガを防止するため支柱⑤に防護マット⑥を取り付けて使用して下さい。

(3)管理者を定め適切な指導のもとで使用し、本来の目的以外に使用しないで下さい。

○ 安全点検の時期と内容

点検箇所	点検内容	定期点検時期	標準耐用年数
バックボード	はがれ、ささくれ、割れ、変形等がないかを確認する	3ヵ月	2年
リング、リングネット	破損・変形・さび等がないかを確認する	3ヵ月	2年
アーム、支柱	破損・変形・さび等がないかを確認する	6ヵ月	5年
接合部	ボルト・ナットの緩み、破損、変形等がないかを確認する	3ヵ月	3年
防護マット	破れ、変形、へたり等がないかを確認する	3ヵ月	1年

※上記の点検内容にもとづいて日常点検をおこなって下さい。

※異状が確認された場合は直ちに使用を中止して、製造業者、または販売代理店にすみやかに連絡をとり、修理または交換等の適切な処置をして下さい。

○ 維持管理について ［ 専門業者によるメンテナンスを受けて下さい ］

(1)塗装部にはがれがあれば早期に補修塗装をして下さい。

点検の難易度／★☆☆☆☆
誤使用の危険度／★☆☆☆☆

番号	名　称
①	外被（カバー）
②	クッション材
③	取付固定具

面ファスナー　　　バント
固定式　　　　　　固定式　　　　　　ロープ固定式

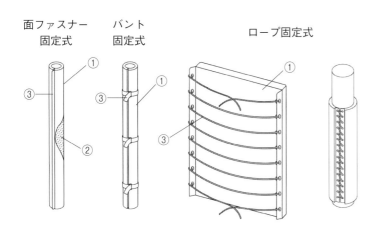

◯ 正しい使い方

(1) 取付対象物の形状やサイズに合った防護マットを使用して下さい。

(2) 取り付けは、管理者の適切な指導に従って十分保持できる人数で行い、取付固定具③でしっかりと固定して下さい。

(3) 管理者を定め適切な指導のもとで使用し、本来の目的以外に使用しないで下さい。

◯ 安全点検の時期と内容

点検箇所	点検内容	定期点検時期	標準耐用年数
外被	破れ・ほつれ・変形等がないかを確認する	3ヵ月	1年
クッション材	破れ・はがれ・へたり・変形等がないかを確認する	3ヵ月	1年
取付固定具	破れ・ほつれ・固定不良・破損等がないかを確認する	3ヵ月	1年

※上記の点検内容にもとづいて日常点検をおこなって下さい。

※異状が確認された場合は直ちに使用を中止して、製造業者、または販売代理店にすみやかに連絡をとり、修理または交換等の適切な処置
　をして下さい。

◯ 維持管理について［ 専門業者によるメンテナンスを受けて下さい ］

(1) 固いものや角のとがったものをぶつけないで下さい。

(2) 取付固定具の緩みがある場合は、すみやかに復旧して下さい。

(3) 長期にわたり使用しない場合はマットを取り外し、器具庫など風通しのよい湿気の少ない場所に保管して下さい。

支柱用防護マット

テニス支柱 固定式・抜差式

番号	名　称
①	滑車・滑車軸
②	支柱
③	ネットフック
④	ネット巻き
⑤	ハンドル
⑥	埋設管
⑦	基礎

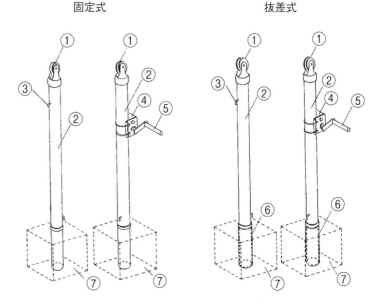

固定式　　　　　　抜差式

◯ 正しい使い方

(1) 埋設管⑥の中に異物がないかを確認し支柱②を正しい位置まで差し込み、使用して下さい。

(2) テニスネットを張る時は、特にワイヤーコードが正しくセットされたかどうかを確認し、張り過ぎに注意してネット巻き④を操作して下さい。

(3) 支柱を抜き差しする際には、管理者の適切な指示に従って、十分保持できる人数でおこなって下さい。

(4) 管理者を定め適切な指導のもとで使用し、本来の目的以外に使用しないで下さい。

◯ 誤った使い方の一例

(1) 足を使ってハンドルを回すなど設定以上の負荷を加えると、支柱の変形、ネット巻きの破損やズレなど思いがけない事故が発生し大変危険です。

◯ 安全点検の時期と内容

点検箇所	点検内容	定期点検時期	標準耐用年数
滑車・滑車軸	変形・摩耗・さび・がたつき等がないかを確認する	6ヵ月	2年
支柱	破損・変形・さび・ぐらつき等がないかを確認する	6ヵ月	3年
ネット巻き、ハンドル、ネットフック	破損・変形・摩耗・き裂・異常音等がないかを確認する	6ヵ月	2年
埋設管、基礎	破損・変形・ぐらつき等がないかを確認する	3ヵ月	3年

※上記の点検内容にもとづいて日常点検をおこなって下さい。

※異状が確認された場合は直ちに使用を中止して、製造業者、または販売代理店にすみやかに連絡をとり、修理または交換等の適切な処置をして下さい。

◯ 維持管理について ［専門業者によるメンテナンスを受けて下さい］

(1) ネット巻き・滑車等の可動部分には、定期的に注油して下さい。

(2) ハンドルは失くさないよう器具庫等決められた場所に保管して下さい。

(3) 抜差式の場合、支柱を取り外した時は埋設管に必ずフタをして下さい。

(4) 塗装部にはがれがあれば早期に補修塗装して下さい。

番号	名　称
①	滑車・滑車軸
②	ネットフック
③	ネット巻き
④	ハンドル
⑤	支柱
⑥	補強具
⑦	土台
⑧	高さ調節器

○ 正しい使い方

(1)危険防止のため、組立ては管理者の適切な指示に従って、十分に保持できる人数でおこなって下さい。

(2)危険防止のため、支柱⑤補強具⑥土台⑦の上にのらないで下さい。

(3)テニスネットを張る時は、特にワイヤーコードが正しくセットされたかどうかを確認し、張り過ぎに注意してネット巻き③を操作して下さい。

(4)危険防止のため、テニス支柱を組み立てた状態での移動が必要な場合は、必ずネットを取り外して下さい。

(5)移動する際には、管理者の適切な指示に従って、十分保持できる人数でおこなって下さい。

(6)管理者を定め適切な指導のもとで使用し、本来の目的以外に使用しないで下さい。

○ 誤った使い方の一例

(1)足を使ってハンドルを回すなど設定以上の負荷を加えると、支柱の変形、ネット巻きの破損やズレなど思いがけない事故が発生し大変危険です。

○ 安全点検の時期と内容

点検箇所	点検内容	定期点検時期	標準耐用年数
滑車・滑車軸	変形・摩耗・さび・がたつき等がないかを確認する	6ヵ月	2年
支柱、補強具、土台	破損・変形・さび・ぐらつき等がないかを確認する	6ヵ月	3年
ネット巻き、ハンドル、ネットフック	破損・変形・摩耗・き裂・異常音等がないかを確認する	6ヵ月	2年
高さ調節器	破損・変形・さび等がないかを確認する	6ヵ月	2年
接合部	ボルトナットの緩みがないかを確認する	6ヵ月	5年

※上記の点検内容にもとづいて日常点検をおこなって下さい。

※異状が確認された場合は直ちに使用を中止して、製造業者、または販売代理店にすみやかに連絡をとり、修理または交換等の適切な処置をして下さい。

○ 維持管理について [専門業者によるメンテナンスを受けて下さい]

(1)ネット巻き・滑車等の可動部分には、定期的に注油して下さい。

(2)ハンドルは失くさないよう決められた場所に保管して下さい。

(3)塗装部にはがれがあれば早期に補修塗装して下さい。

テニスネット

番号	名　称
①	ネット
②	ワイヤーコード
③	サイドカバー
④	白帯
⑤	サイドロープ

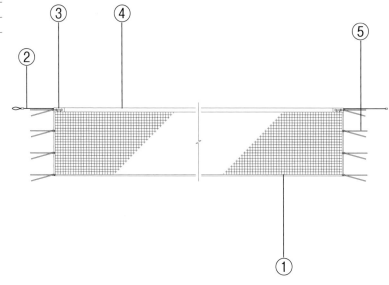

○ 正しい使い方

(1) テニスネットを支柱間に張り、サイドロープ⑤でネットが支柱に密着するように取付けて使用して下さい。

(2) 危険防止のため、テニスネットを越えたり、くぐり抜けたりしないで下さい。

(3) 管理者を定め適切な指導のもとで使用し、本来の目的以外に使用しないで下さい。

○ 安全点検の時期と内容

点検箇所	点検内容	定期点検時期	標準耐用年数
ワイヤーコード	摩耗・ささくれ・さび・変形等がないかを確認する	6ヵ月	2年
サイドカバー、白帯	破れ等がないかを確認する	6ヵ月	3年
ネット	ほつれ・変形・破損等がないかを確認する	6ヵ月	2年

※上記の点検内容にもとづいて日常点検をおこなって下さい。

※異状が確認された場合は直ちに使用を中止して、製造業者、または販売代理店にすみやかに連絡をとり、修理または交換等の適切な処置をして下さい。

○ 維持管理について［専門業者によるメンテナンスを受けて下さい］

(1) 使用後は必ず支柱から取り外し、直射日光の当たらない場所に保管して下さい。

(2) ワイヤーコードの取り外しには特に注意し、無理に折り曲げないで下さい。

点検の難易度／★★☆☆☆
誤使用の危険度／★★★★☆

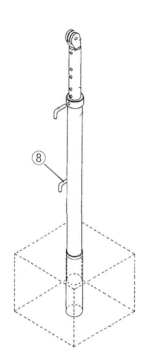
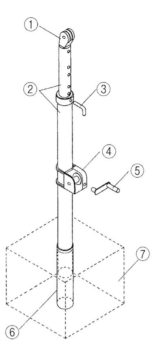

番号	名　称
①	滑車・滑車軸
②	支柱
③	高さ調節ピン
④	ネット巻き
⑤	ハンドル
⑥	埋設管
⑦	基礎
⑧	ネットフック

○ 正しい使い方

(1) 埋設管⑥の中に異物がないかを確認し支柱②を正しい位置まで差し込み、使用して下さい。

(2) 支柱②の高さを調節してから専用のネットを張り、使用して下さい。

(3) ネットを張った状態で、高さ調節はしないで下さい。

(4) バレーネットを張る時は特にワイヤーコードが正しくセットされたかどうかを確認し、張り過ぎに注意してネット巻き④を操作して下さい。

(5) 支柱を抜差する際には、管理者の適切な指示に従って、十分保持できる人数でおこなって下さい。

(6) 管理者を定め適切な指導のもとで使用し、本来の目的以外に使用しないで下さい。

○ 誤った使い方の一例

(1) 足を使ってハンドルを回すなど設定以上の負荷を加えると、支柱の変形、ネット巻きの破損やズレなど思いがけない事故が発生し大変危険です。

(2) ネットを張ったまま支柱を上げることは、支柱の変形、ワイヤーコードの破断、ネット巻きの破損やズレなど思いがけない事故が発生し大変危険です。

○ 安全点検の時期と内容

点検箇所	点検内容	定期点検時期	標準耐用年数
滑車・滑車軸	変形・摩耗・さび・がたつき等がないかを確認する	6ヵ月	2年
支柱	破損・変形・さび・ぐらつき等がないかを確認する	6ヵ月	3年
ネット巻き、ネットフック、ハンドル、高さ調整ピン	破損・変形・摩耗・き裂・異常音等がないかを確認する	6ヵ月	2年
埋設管、基礎	破損・変形・ぐらつき等がないかを確認する。	6ヵ月	5年

※上記の点検内容にもとづいて日常点検をおこなって下さい。

※異状が確認された場合は直ちに使用を中止して、製造業者、または販売代理店にすみやかに連絡をとり、修理または交換等の適切な処置をして下さい。

○ 維持管理について [専門業者によるメンテナンスを受けて下さい]

(1) ネット巻き・滑車等の可動部分には、定期的に注油して下さい。

(2) ハンドル、高さ調節ピンは失くさないよう決められた場所に保管して下さい。

(3) 使用後は支柱の高さを一番低くして保管して下さい。

(4) 塗装部にはがれがあれば早期に補修塗装して下さい。

バレーボール用支柱 抜差式屋外用

点検の難易度／★★☆☆☆
誤使用の危険度／★★★★★

サッカーゴール 移動式

番号	名　称
①	クロスバー
②	ゴールポスト
③	支持枠
④	ネット
⑤	ネットフック
⑥	土台フレーム
⑦	打ち込み杭（転倒防止具）

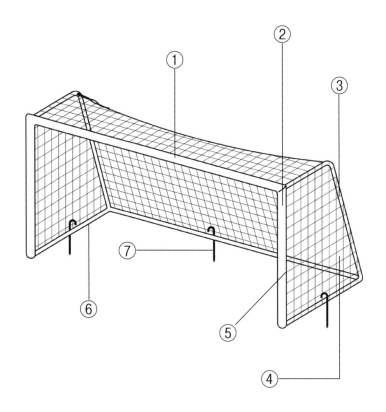

◯ 正しい使い方

(1)転倒防止のため、平たんな正しい位置に設置して下さい。

(2)転倒防止のため、打ち込み杭（転倒防止具）⑦で固定して下さい。

(3)危険防止のため、クロスバー①、支持枠③、ネット④等に登ったりぶら下がらないで下さい。

(4)管理者を定め適切な指導のもとで使用し、本来の目的以外に使用しないで下さい。

◯ 誤った使い方の一例

(1)ゴールに登ったりぶら下がったりすると、器具の転倒など思いがけない事故が発生し大変危険です。

(2)強風時に使用すると、器具が転倒するなど思いがけない事故が発生し大変危険です。

◯ 安全点検の時期と内容

点検箇所	点検内容	定期点検時期	標準耐用年数
クロスバー、ゴールポスト、支持枠	破損・変形・さび等がないかを確認する	6ヵ月	5年
土台フレーム	破損・変形・さび等がないかを確認する	6ヵ月	3年
ネット	ほつれ・変形・破損がないかを確認する	3ヵ月	1年
ネットフック	破損・変形・さび等がないかを確認する	6ヵ月	3年
打ち込み杭（転倒防止具）	破損・変形・さび等がないかを確認する	6ヵ月	5年
接合部	ボルトナットの緩み・破損・変形等がないかを確認する	3ヵ月	3年

※上記の点検内容にもとづいて日常点検をおこなって下さい。

※異状が確認された場合は直ちに使用を中止して、製造業者、または販売代理店にすみやかに連絡をとり、修理または交換等の適切な処置をして下さい。

◯ 維持管理について ［ 専門業者によるメンテナンスを受けて下さい ］

(1)塗装部にはがれがあれば早期に補修塗装をして下さい。

(2)移動する際には管理者の適切な指示に従って十分保持できる人数でおこなって下さい。

(3)使用しない時、または風害、水害、雪害等が予想される場合は、転倒しない措置をして保管して下さい。

サッカーゴール 抜差式

番号	名 称
①	クロスバー
②	ゴールポスト
③	支持枠
④	ネット
⑤	ネットフック
⑥	ネット固定具
⑦	埋設管
⑧	基礎

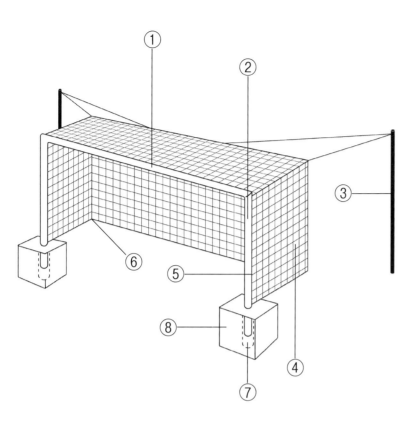

◯ 正しい使い方

(1) 埋設管⑦の中に異物がないかを確認しゴールポスト②を正しい位置まで差し込み、使用して下さい。

(2) 危険防止のため、クロスバー①、支持枠③、ネット④等に登ったりぶら下がらないで下さい。

(3) 管理者を定め適切な指導のもとで使用し、本来の目的以外に使用しないで下さい。

◯ 安全点検の時期と内容

点検箇所	点検内容	定期点検時期	標準耐用年数
クロスバー、ゴールポスト、支持枠	破損・変形・さび等がないかを確認する	6ヵ月	5年
ネット	ほつれ・変形・破損がないかを確認する	3ヵ月	1年
ネットフック	破損・変形・さび等がないかを確認する	6ヵ月	3年
埋設管、基礎	破損・変形・ぐらつき等がないかを確認する	6ヵ月	5年
ネット固定具	破損・変形・さび等がないかを確認する	6ヵ月	1年
接合部	ボルトナットの緩み・破損・変形等がないかを確認する	3ヵ月	3年

※上記の点検内容にもとづいて日常点検をおこなって下さい。

※異状が確認された場合は直ちに使用を中止して、製造業者、または販売代理店にすみやかに連絡をとり、修理または交換等の適切な処置をして下さい。

◯ 維持管理について [専門業者によるメンテナンスを受けて下さい]

(1) 塗装部にはがれがあれば早期に補修塗装をして下さい。

(2) 移動する際には管理者の適切な指示に従って十分保持できる人数でおこなって下さい。

(3) サッカーゴールを取り外した時は埋設管に必ずフタをして下さい。

ハンドボールゴール 屋外用

番号	名　称
①	クロスバー
②	ゴールポスト
③	支持枠
④	ネット
⑤	ネットフック
⑥	土台フレーム
⑦	打ち込み杭（転倒防止具）

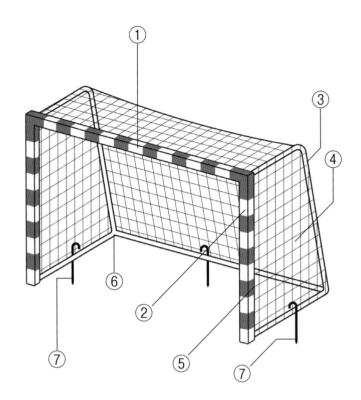

◯ 正しい使い方

(1)転倒防止のため、平たんな正しい位置に設置して下さい。

(2)転倒防止のため、打ち込み杭（転倒防止具）⑦で固定して下さい。

(3)危険防止のため、クロスバー①、支持枠③、ネット④等に登ったりぶら下がらないで下さい。

(4)管理者を定め適切な指導のもとで使用し、本来の目的以外に使用しないで下さい。

◯ 誤った使い方の一例

(1)ゴールに登ったりぶら下がったりすると、器具の転倒など思いがけない事故が発生し大変危険です。

(2)強風時に使用すると、器具が転倒するなど思いがけない事故が発生し大変危険です。

◯ 安全点検の時期と内容

点検箇所	点検内容	定期点検時期	標準耐用年数
クロスバー、ゴールポスト、支持枠	破損・変形・さび等がないかを確認する	６ヵ月	５年
土台フレーム	破損・変形・さび等がないかを確認する	６ヵ月	３年
ネット	ほつれ・変形・破損がないかを確認する	３ヵ月	１年
ネットフック	破損・変形・さび等がないかを確認する	６ヵ月	３年
打ち込み杭（転倒防止具）	破損・変形・さび等がないかを確認する	６ヵ月	５年
接合部	ボルトナットの緩み・破損・変形等がないかを確認する	３ヵ月	３年

※上記の点検内容にもとづいて日常点検をおこなって下さい。

※異状が確認された場合は直ちに使用を中止して、製造業者、または販売代理店にすみやかに連絡をとり、修理または交換等の適切な処置をして下さい。

◯ 維持管理について［専門業者によるメンテナンスを受けて下さい］

(1)塗装部にはがれがあれば早期に補修塗装をして下さい。

(2)移動する際には管理者の適切な指示に従って十分保持できる人数でおこなって下さい。

(3)使用しない時、または風害、水害、雪害等が予想される場合は、転倒しない措置をして保管して下さい。

点検の難易度／★★☆☆☆
誤使用の危険度／★★★★★

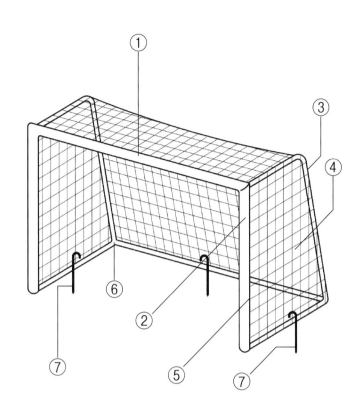

番号	名　称
①	クロスバー
②	ゴールポスト
③	支持枠
④	ネット
⑤	ネットフック
⑥	土台フレーム
⑦	打ち込み杭(転倒防止具)

◯ 正しい使い方

(1)転倒防止のため、平たんな正しい位置に設置して下さい。

(2)転倒防止のため、打ち込み杭(転倒防止具)⑦で固定して下さい。

(3)危険防止のため、クロスバー①、支持枠③、ネット④等に登ったりぶら下がらないで下さい。

(4)管理者を定め適切な指導のもとで使用し、本来の目的以外に使用しないで下さい。

◯ 誤った使い方の一例

(1)ゴールに登ったりぶら下がったりすると、器具の転倒など思いがけない事故が発生し大変危険です。

(2)強風時に使用すると、器具が転倒するなど思いがけない事故が発生し大変危険です。

◯ 安全点検の時期と内容

点検箇所	点検内容	定期点検時期	標準耐用年数
クロスバー、ゴールポスト、支持枠	破損・変形・さび等がないかを確認する	6ヵ月	5年
土台フレーム	破損・変形・さび等がないかを確認する	6ヵ月	3年
ネット	ほつれ・変形・破損がないかを確認する	3ヵ月	1年
ネットフック	破損・変形・さび等がないかを確認する	6ヵ月	3年
打ち込み杭(転倒防止具)	破損・変形・さび等がないかを確認する	6ヵ月	5年
接合部	ボルトナットの緩み・破損・変形等がないかを確認する	3ヵ月	3年

※上記の点検内容にもとづいて日常点検をおこなって下さい。

※異状が確認された場合は直ちに使用を中止して、製造業者、または販売代理店にすみやかに連絡をとり、修理または交換等の適切な処置をして下さい。

◯ 維持管理について [専門業者によるメンテナンスを受けて下さい]

(1)塗装部にはがれがあれば早期に補修塗装をして下さい。

(2)移動する際には管理者の適切な指示に従って十分保持できる人数でおこなって下さい。

(3)使用しない時、または風害、水害、雪害等が予想される場合は、転倒しない措置をして保管して下さい。

フットサルゴール 屋外用

点検の難易度／★★☆☆☆
誤使用の危険度／★★★★★

ラグビーゴール

番号	名　称
①	ゴールポスト
②	クロスバー
③	防護マット
④	埋設管
⑤	基礎

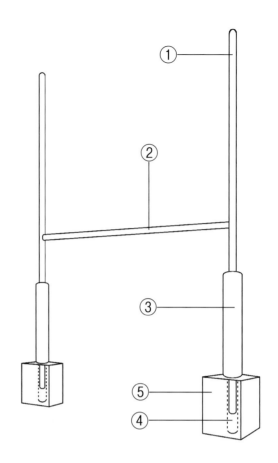

○ 正しい使い方

(1)埋設管④の中に異物がないかを確認しゴールポスト①を正しい位置まで差し込み、使用して下さい。

(2)危険防止のため、セッティングは管理者の適切な指示に従って、十分に保持できる人数でおこなって下さい。

(3)衝突時のケガを防止するためゴールポスト①に防護マット③を取り付けて使用して下さい。

(4)危険防止のため、ゴールポスト①、クロスバー②に登ったりぶら下がらないで下さい。

(5)管理者を定め適切な指導のもとで使用し、本来の目的以外に使用しないで下さい。

○ 安全点検の時期と内容

点検箇所	点検内容	定期点検時期	標準耐用年数
クロスバー、ゴールポスト	破損・変形・さび等がないかを確認する	6ヵ月	5年
埋設管、基礎	破損・変形・ぐらつき等がないかを確認する	3ヵ月	5年
防護マット	破れ・変形・へたり等がないかを確認する	3ヵ月	1年
接合部	ボルトナットの緩み・破損・変形等がないかを確認する	3ヵ月	3年

※上記の点検内容にもとづいて日常点検をおこなって下さい。

※異状が確認された場合は直ちに使用を中止して、製造業者、または販売代理店にすみやかに連絡をとり、修理または交換等の適切な処置をして下さい。

○ 維持管理について［専門業者によるメンテナンスを受けて下さい］

(1)塗装部にはがれがあれば早期に補修塗装をして下さい。

(2)移動する際には管理者の適切な指導に従って十分保持できる人数でおこなって下さい。

(3)ラグビーゴールを取り外した時は埋設管に必ずフタをして下さい。

番号	名　称
①	ゴールポスト
②	クロスバー
③	支柱
④	防護マット
⑤	埋設管
⑥	基礎

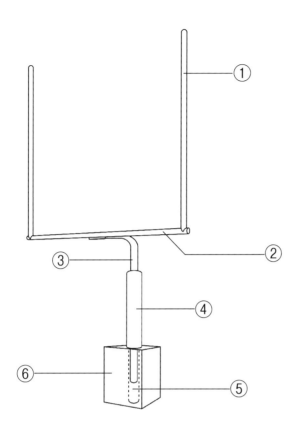

アメリカンフットボールゴール

◯ 正しい使い方

(1) 埋設管⑤の中に異物がないかを確認し支柱③を正しい位置まで差し込み、使用して下さい。

(2) 危険防止のため、セッティングは管理者の適切な指示に従って、十分に保持できる人数でおこなって下さい。

(3) 衝突時のケガを防止するため支柱③に防護マット④を取り付けて使用して下さい。

(4) 危険防止のため、支柱③、クロスバー②に登ったりぶら下がらないで下さい。

(5) 管理者を定め適切な指導のもとで使用し、本来の目的以外に使用しないで下さい。

◯ 安全点検の時期と内容

点検箇所	点検内容	定期点検時期	標準耐用年数
支柱、クロスバー、ゴールポスト	破損・変形・さび等がないかを確認する	6ヵ月	5年
埋設管、基礎	破損・変形・ぐらつき等がないかを確認する	3ヵ月	5年
防護マット	破れ・変形・へたり等がないかを確認する	3ヵ月	1年
接合部	ボルトナットの緩み・破損・変形等がないかを確認する	3ヵ月	3年

※上記の点検内容にもとづいて日常点検をおこなって下さい。

※異状が確認された場合は直ちに使用を中止して、製造業者、または販売代理店にすみやかに連絡をとり、修理または交換等の適切な処置をして下さい。

◯ 維持管理について［専門業者によるメンテナンスを受けて下さい］

(1) 塗装部にはがれがあれば早期に補修塗装をして下さい。

(2) 移動する際には管理者の適切な指導に従って十分保持できる人数でおこなって下さい。

(3) アメリカンフットボールゴールを取り外した時は埋設管に必ずフタをして下さい。

点検の難易度／★☆☆☆☆
誤使用の危険度／★★★☆☆

番号	名　称
①	座席
②	手すり
③	土台フレーム
④	支柱(控えフレーム)
⑤	梯子
⑥	埋設管
⑦	基礎

審判台 移動式・抜差式

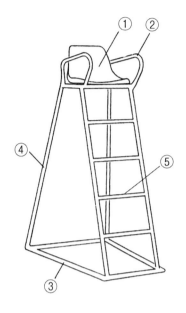
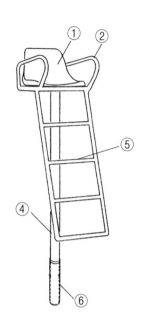

◯ 正しい使い方

(1)転倒防止のため、設置する場所を平たんにし、安定していることを確認してから使用して下さい。

(2)抜差式の物は、埋設管⑥の中に異物がないかを確認し支柱④を正しい位置まで差し込み、使用して下さい。

(3)危険防止のため手すり②にぶら下がったり、座席①の上で立ったり、そこから飛び降りたりしないで下さい。

(4)移動する際には管理者の適切な指示に従って十分保持できる人数でおこなって下さい。

(5)管理者を定め適切な指導のもとで使用し、本来の目的以外に使用しないで下さい。

◯ 安全点検の時期と内容

点検箇所	点検内容	定期点検時期	標準耐用年数
座席	ささくれ・割れ・変形・破損等がないかを確認する	3ヵ月	2年
手すり、梯子、土台フレーム、支柱	破損・変形・さび等がないかを確認する	6ヵ月	3年
接合部	ボルトナットの緩み・破損・変形等がないかを確認する	3ヵ月	3年
埋設管、基礎	破損・変形・ぐらつき等がないかを確認する	6ヵ月	5年

※上記の点検内容にもとづいて日常点検をおこなって下さい。

※異状が確認された場合は直ちに使用を中止して、製造業者、または販売代理店にすみやかに連絡をとり、修理または交換等の適切な処置をして下さい。

◯ 維持管理について［専門業者によるメンテナンスを受けて下さい］

(1)塗装部にはがれがあれば早期に補修塗装をして下さい。

(2)移動する際には管理者の適切な指示に従って十分保持できる人数でおこなって下さい。

(3)使用しない時、または風害、水害、雪害等が予想される場合は、転倒しない措置をして保管して下さい。

(4)抜差式の場合、審判台を取り外した時は埋設管に必ずフタをして下さい。

点検の難易度／★★☆☆☆
誤使用の危険度／★★☆☆☆

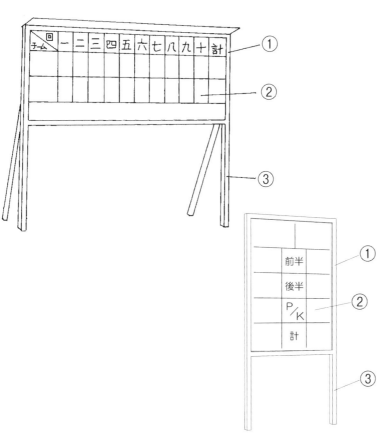

番号	名　称
①	枠
②	表示板
③	支柱

得点板 固定式

○ 正しい使い方

(1)危険防止のため支柱③に登ったり、枠①にぶら下ったりしないで下さい。

(2)表示板は常にきれいに清掃して下さい。

(3)表示板記入は指定の筆記具を使用して下さい。

(4)管理者を定め適切な指導のもとで使用し、本来の目的以外に使用しないで下さい。

○ 安全点検の時期と内容

点検箇所	点検内容	定期点検時期	標準耐用年数
枠、支柱	破損・変形・さび・ぐらつきがないかを確認する	6ヵ月	3年
表示板	破損・き裂・はがれ・割れ等がないかを確認する	6ヵ月	1年
接合部	ボルトナットの緩み・破損・変形等がないかを確認する	6ヵ月	2年

※上記の点検内容にもとづいて日常点検をおこなって下さい。

※異状が確認された場合は直ちに使用を中止して、製造業者、または販売代理店にすみやかに連絡をとり、修理または交換等の適切な処置
　をして下さい。

○ 維持管理について［ 専門業者によるメンテナンスを受けて下さい ］

(1)塗装部にはがれがあれば早期に補修塗装をして下さい。

防球フェンス 移動式

番号	名　称
①	枠
②	かがりロープ
③	ネット
④	脚
⑤	キャスター

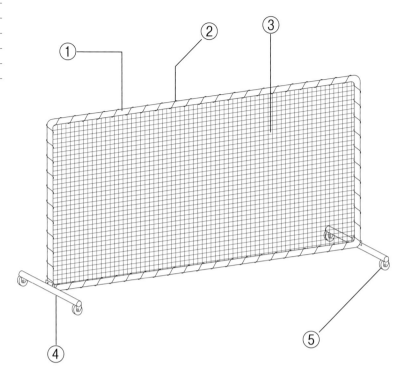

○ 正しい使い方

(1) 移動する際には管理者の適切な指示に従って十分保持できる人数でおこなって下さい。

(2) 転倒防止のため、設置する場所を平たんにし、安定していることを確認してから使用して下さい。

(3) 危険防止のため、枠①・ネット③にぶら下がらないようにして下さい。

(4) 強風時には、転倒しない措置をして下さい。

(5) 管理者を定め適切な指導のもとで使用し、本来の目的以外に使用しないで下さい。

○ 安全点検の時期と内容

点検箇所	点検内容	定期点検時期	標準耐用年数
枠	変形・破損・さび等がないかを確認する	3ヵ月	2年
ネット、かがりロープ	ほつれ・変形・破損等がないかを確認する	3ヵ月	1年
脚	変形・破損・さび・緩み等がないかを確認する	3ヵ月	2年
キャスター	摩耗・破損・変形等がないかを確認する	3ヵ月	2年
接合部	ボルトナットの緩み・破損・変形等がないかを確認する	3ヵ月	2年

※上記の点検内容にもとづいて日常点検をおこなって下さい。

※異状が確認された場合は直ちに使用を中止して、製造業者、または販売代理店にすみやかに連絡をとり、修理または交換等の適切な処置をして下さい。

○ 維持管理について [専門業者によるメンテナンスを受けて下さい]

(1) 塗装部にはがれがあれば早期に補修塗装をして下さい。

(2) 使用しない時、または風害、水害、雪害等が予想される場合は、転倒しない措置をして保管して下さい。

番号	名　称
①	枠
②	ネット
③	ブレース
④	キャスター
⑤	ワイヤー

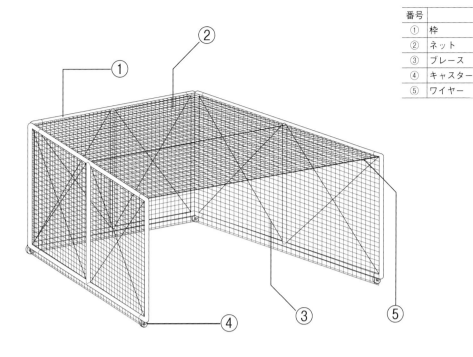

野球用バッティングケージ

○ 正しい使い方

(1)移動する際には管理者の適切な指示に従って十分保持できる人数でおこなって下さい。

(2)危険防止のため枠①・ネット②・ブレース③・ワイヤー⑤に登ったりぶら下がらないで下さい。

(3)強風時には使用しないで下さい。

(4)管理者を定め適切な指導のもとで使用し、本来の目的以外に使用しないで下さい。

○ 誤った使い方の一例

(1)強風時に使用すると、器具が転倒するなど思いがけない事故が発生し大変危険です。

○ 安全点検の時期と内容

点検箇所	点検内容	定期点検時期	標準耐用年数
枠	変形・破損・さび等がないかを確認する	6ヵ月	5年
ネット、かがりロープ	ほつれ・変形・破損等がないかを確認する	6ヵ月	1年
ブレース	変形・破損・さび・緩み等がないかを確認する	6ヵ月	3年
キャスター	摩耗・破損・変形等がないかを確認する	6ヵ月	2年
ワイヤー	ささくれ・さび・ほつれ等がないかを確認する。	6ヵ月	2年
接合部	ボルトナットの緩み・破損・変形等がないかを確認する	6ヵ月	2年

※上記の点検内容にもとづいて日常点検をおこなって下さい。

※異状が確認された場合は直ちに使用を中止して、製造業者、または販売代理店にすみやかに連絡をとり、修理または交換等の適切な処置をして下さい。

○ 維持管理について［ 専門業者によるメンテナンスを受けて下さい ］

(1)塗装部にはがれがあれば早期に補修塗装をして下さい。

(2)使用しない時、または風害、水害、雪害等が予想される場合は、転倒しない措置をして保管して下さい。

ベース及びプレート

番号	名　称
①	ゴムプレート
②	台座
③	固定具
④	塁ベース
⑤	差し込み金具
⑥	埋め込み金具

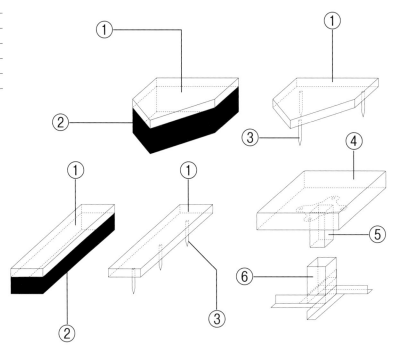

○ 正しい使い方

(1) 塁ベースをセットする場合には、埋め込み金具⑥の中に異物がないかを確認し、差し込み金具⑤を正しい位置まで差し込み使用してください。

(2) 塁ベースは所定の位置までもっていき使用して下さい。

(3) プレート及び塁ベースは、グラウンドに正しく埋設させて、浮き上がらないように設置して下さい。

(4) 管理者を定め適切な指導のもとで使用し、本来の目的以外に使用しないで下さい。

○ 安全点検の時期と内容

点検箇所	点検内容	定期点検時期	標準耐用年数
ゴムプレート	破損・変形・き裂等がないかを確認する	６ヵ月	１年
台座	はがれ・そり・変形等がないかを確認する	６ヵ月	１年
固定具	破損・変形・さび等がないかを確認する	６ヵ月	１年
塁ベース	破れ・変形・き裂等がないかを確認する	６ヵ月	１年
差し込み金具、埋め込み金具	破損・変形・さび等がないかを確認する	６ヵ月	１年

※上記の点検内容にもとづいて日常点検をおこなって下さい。

※異状が確認された場合は直ちに使用を中止して、製造業者、または販売代理店にすみやかに連絡をとり、修理または交換等の適切な処置をして下さい。

○ 維持管理について［専門業者によるメンテナンスを受けて下さい］

(1) 使用後は、器具庫など風通しのよい湿気の少ない場所に保管して下さい。

(2) 塁ベースは必ず取り外して保管して下さい。

(3) 塁ベースを取り外したときは埋め込み金具に必ずフタをして下さい。

番号	名　称
①	踏板
②	踏板受金具
③	補助支柱
④	土台フレーム
⑤	固定具

逆上がり練習器　屋外用

○ 正しい使い方

(1)移動する際には管理者の適切な指導に従って十分保持できる人数でおこなって下さい。

(2)転倒防止のため、ぐらつきのないよう、固定具⑤で安定させてから使用して下さい。

(3)踏板①に登ったり、ぶらさがったりしないで下さい。

(4)管理者を定め適切な指導のもとで使用し、本来の目的以外に使用しないで下さい。

○ 安全点検の時期と内容

点検箇所	点検内容	定期点検時期	標準耐用年数
踏板	ささくれ・割れ・変形等がないかを確認する	6ヵ月	3年
踏板用受金具	破損・変形・さび等がないかを確認する	6ヵ月	3年
補助支柱	破損・変形・さび等がないかを確認する	6ヵ月	3年
土台フレーム	破損・変形・さび・ぐらつき等がないかを確認する	6ヵ月	3年
固定具	破損・変形・さび等がないかを確認する	6ヵ月	3年

※上記の点検内容にもとづいて日常点検をおこなって下さい。

※異状が確認された場合は直ちに使用を中止して、製造業者、または販売代理店にすみやかに連絡をとり、修理または交換等の適切な処置をして下さい。

○ 維持管理について ［ 専門業者によるメンテナンスを受けて下さい ］

(1)塗装部にはがれがあれば早期に補修塗装をして下さい。

(2)使用しない時、または風害、水害、雪害等が予想される場合は、転倒しない措置をして保管して下さい。

点検の難易度／★★☆☆☆
誤使用の危険度／★★★☆☆

一輪車

番号	名　称
①	シートポスト
②	フレーム
③	クランク
④	ペダル
⑤	タイヤ
⑥	タイヤバルブ
⑦	ホイール
⑧	シートピン
⑨	サドル

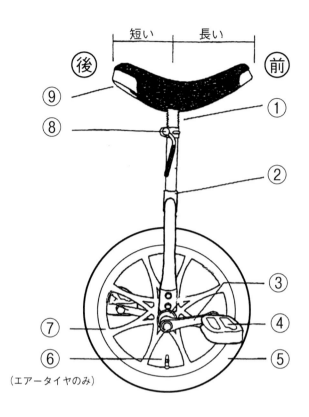

（エアータイヤのみ）

○ 正しい使い方

(1) 平たんで周囲に危険のない場所を選び、初心者には補助者が付いて使用して下さい。ぬれた場所や坂のある場所での使用は危険ですのでやめて下さい。

(2) 一般道での乗車は大変危険です。絶対に禁止です。

(3) サドルの高さを調節して使用して下さい。調節後はシートピンがしっかり締まっていることを確認下さい。

(4) 乗車に際しては身体保護のため、ヘルメット・ヒジ当て・ヒザ当て等の着用をお勧めします。

(5) 本体前方向に前進するよう指導して下さい。前後を誤り乗車しますと故障、事故の原因となり危険です。

(6) エアータイヤの一輪車は、タイヤ空気圧が適正である事を確認してから使用して下さい。

(7) 管理者を定め適切な指導のもとで使用し、本来の目的以外に使用しないで下さい。

○ 安全点検の時期と内容

点検箇所	点検内容	定期点検時期	標準耐用年数
サドル	ボルト・ナットの緩み、本体の破損等がないかを確認する	6ヵ月	1年
シートピン	曲がり、変形等がないかを確認する	6ヵ月	5年
ホイール	変形、き裂、割れ等がないかを確認する	1ヵ月	5年
ペダル	変形、ボルト・ナットの緩み等がないか、及び回転軸にたわみ、がたつき等がないかを確認する	1ヵ月	1年
クランク	変形がないか、及びペダル接合部に緩み等がないかを確認する	6ヵ月	5年
タイヤ	摩耗、き裂等がないか、空気圧は適正かを確認する	1ヵ月	1年

※上記の点検内容にもとづいて日常点検をおこなって下さい。
※異状が確認された場合は直ちに使用を中止して、製造業者、または販売代理店にすみやかに連絡をとり、修理または交換等の適切な処置をして下さい。

○ 維持管理について [専門業者によるメンテナンスを受けて下さい]

(1) 使用後は各部の汚れをよく落とし、汚れのひどい場合は水洗いしてよく乾かして下さい。

(2) タイヤの変形を防ぐためにも使用後はスタンドやラックに収納して下さい。

(3) 回転部分には定期的に注油して下さい。

(4) 雨のかからない乾燥した場所に保管して下さい。

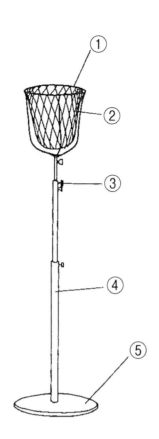

番号	名　称
①	リングフレーム
②	ネット
③	調節金具
④	支柱
⑤	土台フレーム

紅白玉入れ台

◯ 正しい使い方

(1) ぐらつきのないよう安定させて、転倒しない措置をして使用して下さい。

(2) 危険防止のため、紅白玉以外のものは使用しないで下さい。

(3) 調節金具③はしっかりと止めて使用して下さい。

(4) 危険防止のため、支柱④によじ登らないで下さい。

(5) 管理者を定め適切な指導のもとで使用し、本来の目的以外に使用しないで下さい。

◯ 安全点検の時期と内容

点検箇所	点検内容	定期点検時期	標準耐用年数
リングフレーム	破損・変形・さび等がないかを確認する	3ヵ月	2年
ネット	破れ・ほつれ等がないかを確認する	6ヵ月	2年
調節金具、支柱、土台フレーム	破損・変形・さび等がないかを確認する	6ヵ月	3年
接合部	ボルトナットの緩み・破損・変形等がないかを確認する	3ヵ月	3年

※上記の点検内容にもとづいて日常点検をおこなって下さい。

※異状が確認された場合は直ちに使用を中止して、製造業者、または販売代理店にすみやかに連絡をとり、修理または交換等の適切な処置をして下さい。

◯ 維持管理について [専門業者によるメンテナンスを受けて下さい]

(1) 使用後は、器具庫など風通しのよい湿気の少ない場所に保管して下さい。

(2) 塗装部にはがれがあれば早期に補修塗装をして下さい。

(3) 使用後は、支柱の高さを一番低くして保管して下さい。

ライン引き器

番号	名　称
①	取っ手
②	フタ
③	ボックス
④	タイヤ
⑤	スタンド及びガイド
⑥	ライン材出口

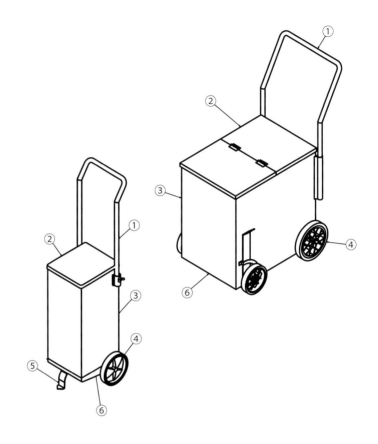

◯ 正しい使い方

（1）指定されたライン材以外は入れないで下さい。

（2）管理者を定め適切な指導のもとで使用し、本来の目的以外に使用しないで下さい。

◯ 安全点検の時期と内容

点検箇所	点検内容	定期点検時期	標準耐用年数
取っ手、フタ、ボックス	破損・変形・さび等がないかを確認する	3ヵ月	1年
タイヤ	破損・変形・摩耗等がないかを確認する	3ヵ月	1年
スタンド及びガイド	破損・変形・さび等がないかを確認する	3ヵ月	1年
接合部	ボルトナットの緩み・破損・変形・さび等がないかを確認する	3ヵ月	1年

※上記の点検内容にもとづいて日常点検をおこなって下さい。

※異状が確認された場合は直ちに使用を中止して、製造業者、または販売代理店にすみやかに連絡をとり、修理または交換等の適切な処置
　をして下さい。

◯ 維持管理について［ 専門業者によるメンテナンスを受けて下さい ］

（1）器具庫など風通しのよい湿気の少ない場所に保管して下さい。

（2）使用後は、ライン材を抜いて保管して下さい。

番号	名　称
①	フタ
②	ボックス
③	操作レバー
④	フレーム
⑤	キャスター

ライン材ボックス

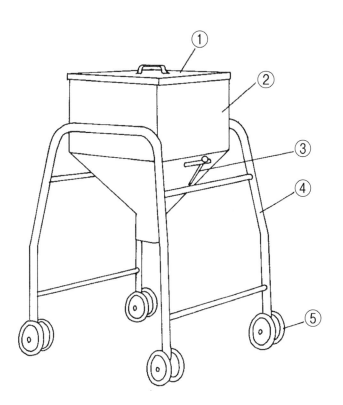

◯ 正しい使い方

(1) フタ①・ボックス②・フレーム④・キャスター⑤の上に乗らないで下さい。

(2) 指定されたライン材以外は入れないで下さい。

(3) 管理者を定め適切な指導のもとで使用し、本来の目的以外に使用しないで下さい。

◯ 安全点検の時期と内容

点検箇所	点検内容	定期点検時期	標準耐用年数
フタ、ボックス、フレーム	破損・変形・さび等がないかを確認する	３ヵ月	３年
操作レバー	破損・変形・さび等がないかを確認する	３ヵ月	２年
キャスター	破損・変形・摩耗等がないかを確認する	３ヵ月	１年
接合部	ボルトナットの緩み・破損・変形・さび等がないかを確認する	３ヵ月	３年

※上記の点検内容にもとづいて日常点検をおこなって下さい。

※異状が確認された場合は直ちに使用を中止して、製造業者、または販売代理店にすみやかに連絡をとり、修理または交換等の適切な処置をして下さい。

◯ 維持管理について [専門業者によるメンテナンスを受けて下さい]

(1) 器具庫など風通しのよい湿気の少ない場所に保管して下さい。

(2) 塗装部にはがれがあれば早期に補修塗装をして下さい。

マーカー

番号	名　称
①	固定具
②	ロープ
③	テープ
④	ブロック

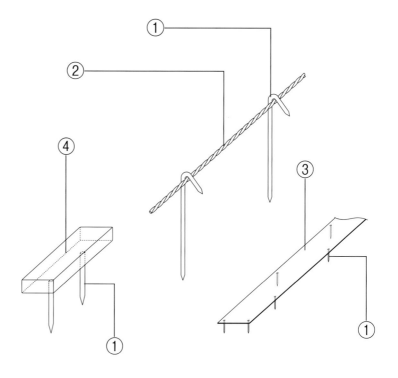

○ 正しい使い方

(1) 危険防止のため、固定具①が正しく固定されているかを確認し使用して下さい。

(2) 管理者を定め適切な指導のもとで使用し、本来の目的以外に使用しないで下さい。

○ 安全点検の時期と内容

点検箇所	点検内容	定期点検時期	標準耐用年数
固定具	破損・変形等がないかを確認する	3ヵ月	1年
ロープ	ほつれ・破損・摩耗等がないかを確認する	3ヵ月	1年
テープ	破損等がないかを確認する	3ヵ月	1年
ブロック	破損・き裂等がないかを確認する	3ヵ月	2年

※上記の点検内容にもとづいて日常点検をおこなって下さい。

※異状が確認された場合は直ちに使用を中止して、製造業者、または販売代理店にすみやかに連絡をとり、修理または交換等の適切な処置をして下さい。

○ 維持管理について［専門業者によるメンテナンスを受けて下さい］

(1) マーカーの上には角のとがったもの及び重量物を載せないで下さい。

(2) 固定具の抜けがある場合は、すみやかに復旧・補充して下さい。

点検の難易度／★★☆☆☆
誤使用の危険度／★★★☆☆

綱引きロープ及び巻き取り器

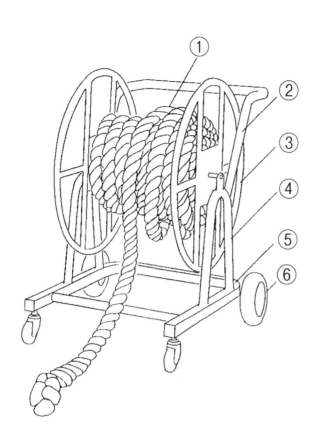

番号	名　称
①	ロープ
②	アーム
③	ドラム
④	支柱
⑤	フレーム
⑥	キャスター・タイヤ

◯ 正しい使い方

(1)ロープ①の太さ、長さ等は使用人数及び加わる張力により適切に選び使用して下さい。

(2)ロープ①はなるべく地面に引きずらないように使用して下さい。

(3)危険防止のため、本体に乗らないで下さい。

(4)ロープ①を巻き取る場合は、ドラム③をゆっくりまわし、均等に収納して下さい。

(5)ロープ①を引き出す場合は、勢いをつけずゆっくりと行って下さい。

(6)管理者を定め適切な指導のもとで使用し、本来の目的以外に使用しないで下さい。

◯ 誤った使い方の一例

(1)ロープは、経年劣化により破断するなど思いがけない事故が発生し大変危険です。

(2)巻き取り器使用時に、身体や衣類等がドラム③に巻き込まれるなど思いがけない事故が発生し大変危険です。

◯ 安全点検の時期と内容

点検箇所	点検内容	定期点検時期	標準耐用年数
ロープ	ささくれ・ほつれ・摩耗等がないかを確認する	３ヵ月	２年
アーム、ドラム、支柱、フレーム	破損・変形・さび等がないかを確認する	３ヵ月	３年
キャスター・タイヤ	破損・変形・摩耗等がないかを確認する	３ヵ月	１年
接合部	ボルトナットの緩み・破損・変形等がないかを確認する	３ヵ月	３年
回転部	油ぎれ・摩耗・変形・破損等がないかを確認する	３ヵ月	３年

※上記の点検内容にもとづいて日常点検をおこなって下さい。

※異状が確認された場合は直ちに使用を中止して、製造業者、または販売代理店にすみやかに連絡をとり、修理または交換等の適切な処置をして下さい。

◯ 維持管理について [専門業者によるメンテナンスを受けて下さい]

(1)使用後は、器具庫など風通しのよい湿気の少ない場所に保管して下さい。

(2)塗装部にはがれがあれば早期に補修塗装をして下さい。

点検の難易度／★☆☆☆☆
誤使用の危険度／★☆☆☆☆

コートブラシ・グラウンド用レーキ

番号	名　称
①	柄
②	接続金具
③	木台
④	ブラシ
⑤	プレート
⑥	補強金具

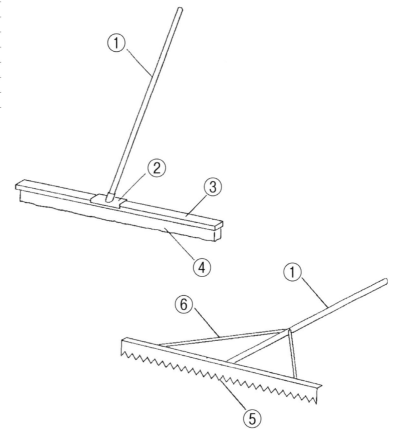

○ 正しい使い方

(1)柄①・木台③の上に乗らないで下さい。

(2)管理者を定め適切な指導のもとで使用し、本来の目的以外に使用しないで下さい。

○ 安全点検の時期と内容

点検箇所	点検内容	定期点検時期	標準耐用年数
柄、プレート、補強金具	破損・変形・さび・ささくれ等がないかを確認する	3ヵ月	3年
木台	ささくれ・割れ・変形等がないかを確認する	3ヵ月	3年
ブラシ	摩耗・多量の欠落等がないかを確認する	6ヵ月	3年
接続金具	ボルトナットの緩み・破損・変形・さび等がないかを確認する	3ヵ月	3年

※上記の点検内容にもとづいて日常点検をおこなって下さい。

※異状が確認された場合は直ちに使用を中止して、製造業者、または販売代理店にすみやかに連絡をとり、修理または交換等の適切な処置をして下さい。

○ 維持管理について [専門業者によるメンテナンスを受けて下さい]

(1)器具庫など風通しのよい湿気の少ない場所に保管して下さい。

(2)ブラシ・プレートの土や砂、異物等を落として地面に触れないようにして保管して下さい。

番号	名　称
①	ドラム
②	シャフト（回転軸芯）
③	取っ手

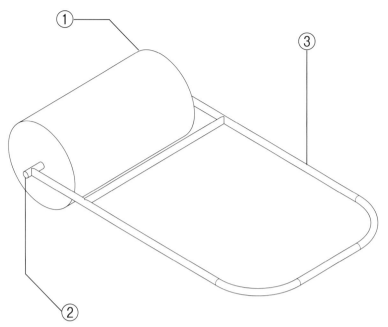

○ 正しい使い方

(1)転圧する場合には、取っ手の内側に入らないようにして周囲の安全を確認して使用して下さい。

(2)危険防止のため、ドラム①・取っ手③の上に乗らないで下さい。

(3)安全に転圧できる人数で使用して下さい。

(4)管理者を定め適切な指導のもとで使用し、本来の目的以外に使用しないで下さい。

○ 誤った使い方の一例

(1)取っ手③の内側に入って使用したり、勢いよく作業したりするとドラム①に巻き込まれるなど思いがけない事故が発生し大変危険です。

○ 安全点検の時期と内容

点検箇所	点検内容	定期点検時期	標準耐用年数
ドラム	破損・変形・き裂（タンク式の場合は漏れ）等がないかを確認する	３ヵ月	３年
シャフト	破損・変形・摩耗等がないかを確認する	３ヵ月	３年
取っ手	破損・変形・さび等がないかを確認する	６ヵ月	３年
接合部	ボルトナットの緩み・破損・変形・さび等がないかを確認する	３ヵ月	３年

※上記の点検内容にもとづいて日常点検をおこなって下さい。

※異状が確認された場合は直ちに使用を中止して、製造業者、または販売代理店にすみやかに連絡をとり、修理または交換等の適切な処置をして下さい。

○ 維持管理について [専門業者によるメンテナンスを受けて下さい]

(1)使用しない時には、動かないよう安全な措置をして下さい。

(2)塗装部にはがれがあれば早期に補修塗装をして下さい。

転圧ローラー タンク式・コンクリート詰め式

テント

番号	名　称
①	天幕
②	支柱
③	フレーム
④	補強金具

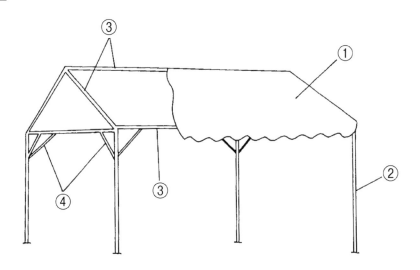

○ 正しい使い方

(1)危険防止のため、ぐらつきのないよう、安定させて使用して下さい。

(2)危険防止のため、支柱②・フレーム③等に登ったり、ぶら下ったりしないで下さい。

(3)風に吹き飛ばされないよう、打ち込み杭、おもり、ロープ等で固定して下さい。

(4)組み立ておよび収納作業は、管理者の適切な指示に従って十分保持できる人数で行って下さい。

(5)管理者を定め適切な指導のもとで使用し、本来の目的以外に使用しないで下さい。

○ 安全点検の時期と内容

点検箇所	点検内容	定期点検時期	標準耐用年数
天幕	破れ・ほつれ・摩耗等がないかを確認する	3ヵ月	3年
支柱、フレーム	破損・変形・さび等がないかを確認する	6ヵ月	3年
補強金具	破損・変形・さび等がないかを確認する	6ヵ月	3年
接合部	ボルトナットの緩み・破損・変形・さび等がないかを確認する	3ヵ月	3年

※上記の点検内容にもとづいて日常点検をおこなって下さい。

※異状が確認された場合は直ちに使用を中止して、製造業者、または販売代理店にすみやかに連絡をとり、修理または交換等の適切な処置をして下さい。

○ 維持管理について［専門業者によるメンテナンスを受けて下さい］

(1)器具庫など風通しのよい湿気の少ない場所に保管して下さい。

(2)塗装部にはがれがあれば早期に補修塗装をして下さい。

点検の難易度／★☆☆☆☆
誤使用の危険度／★☆☆☆☆

番号	名　称
①	踏台
②	脚
③	階段

演台

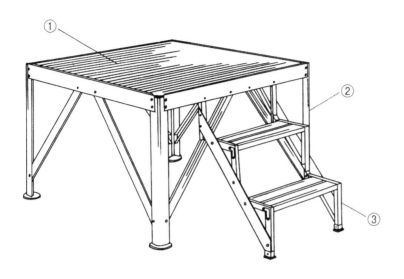

○ 正しい使い方

(1)危険防止のため、平たんな地面上に設置し台の中央に乗って下さい。

(2)階段③を本体にしっかり固定して下さい。

(3)移動する際は、管理者の適切な指示に従って十分に保持できる人数でおこなって下さい。

(4)管理者を定め適切な指導のもとで使用し、本来の目的以外に使用しないで下さい。

○ 安全点検の時期と内容

点検箇所	点検内容	定期点検時期	標準耐用年数
踏台	破損、変形、さび及びボルトの緩み等がないかを確認する	6ヵ月	5年
脚、階段	破損、変形、さび及びボルトの緩み等がないかを確認する	6ヵ月	5年

※上記の点検内容にもとづいて日常点検をおこなって下さい。

※異状が確認された場合は直ちに使用を中止して、製造業者、または販売代理店にすみやかに連絡をとり、修理または交換等の適切な処置をして下さい。

○ 維持管理について［専門業者によるメンテナンスを受けて下さい］

(1)ほかの運動の邪魔にならない平たんな場所に保管して下さい。

(2)重量物はのせないで下さい。

(3)塗装部にはがれがあれば早期に補修塗装をして下さい。

TRANING

トレーニング器具

page number 102-144

ジャンプメーター

番号	名　称
①	プーリー
②	本体
③	表示窓
④	ベルト
⑤	ON/C スイッチ
⑥	セットスイッチ
⑦	紐留め具
⑧	ゴム板
⑨	紐

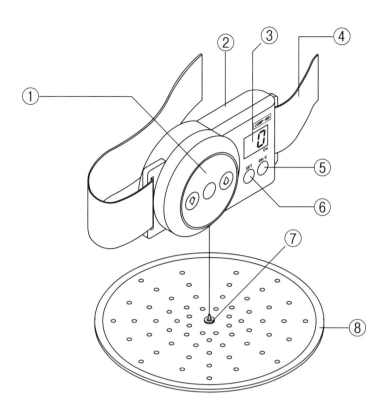

◯ 正しい使い方

(1) 平たんかつ安定した床面で使用して下さい。
(2) 操作手順は取扱説明書に従っておこなって下さい。
(3) 管理者を定め適切な指導のもとで使用し、本来の目的以外に使用しないで下さい。

◯ 安全点検の時期と内容

点検箇所	点検内容	定期点検時期	標準耐用年数
プーリー	回転するかを確認する	6ヵ月	5年
紐	摩耗、ささくれがないかを確認する	6ヵ月	5年
ベルト	マジックバンドがとまるかを確認する	6ヵ月	5年
表示窓（数値）	ロープを徐々に上昇させ数値が1つづつ変化するかを確認する 欠けていないかを確認する	6ヵ月	5年

※上記の点検内容にもとづいて日常点検をおこなって下さい。
※異状が確認された場合は直ちに使用を中止して、製造業者、または販売代理店にすみやかに連絡をとり、修理または交換等の適切な処置をして下さい。

◯ 維持管理について ［専門業者によるメンテナンスを受けて下さい］

(1) 直射日光の当たる場所や暖房器具の近くなど温度が非常に高い所、埃や湿気の多い所、また水のかかる所での使用や保管は避けて下さい。
(2) 汚れは柔らかい布でからぶきして下さい。汚れのひどい時は中性洗剤を含んだ布で拭いて下さい。シンナー、アルコール等は表面を傷めますので使用しないで下さい。

点検の難易度／★☆☆☆☆
誤使用の危険度／★☆☆☆☆

サージャントジャンプメーター

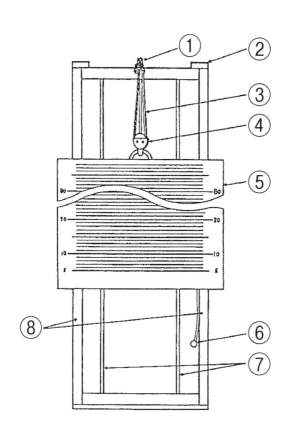

番号	名　称
①	滑車
②	固定フック
③	ロープ
④	中間滑車
⑤	タッチ板
⑥	取手
⑦	錘り用ガイド
⑧	ガイドレール

○ 正しい使い方

(1)固定フック②を使用して壁等に設置して下さい。

(2)取手⑥により高さを調節して下さい。

(3)操作手順は取扱説明書に従っておこなって下さい。

(4)管理者を定め適切な指導のもとで使用し、本来の目的以外に使用しないで下さい。

○ 誤った使い方の一例

(1)ぶら下がったり、登ったりすることは、器具の破損や落下など思いがけない事故が発生することがあり危険です。

○ 安全点検の時期と内容

点検箇所	点検内容	定期点検時期	標準耐用年数
ロープ	摩耗、ささくれ等がないかを確認する	6ヵ月	5年
滑車	摩耗、変形等がないかを確認する	6ヵ月	5年
タッチ板	スムーズに動くか、板が欠けていないかを確認する	6ヵ月	5年
ガイドレール	曲り、破損、変形等がないかを確認する	6ヵ月	5年

※上記の点検内容にもとづいて日常点検をおこなって下さい。

※異状が確認された場合は直ちに使用を中止して、製造業者、または販売代理店にすみやかに連絡をとり、修理または交換等の適切な処置をして下さい。

○ 維持管理について［専門業者によるメンテナンスを受けて下さい］

(1)直射日光の当たる場所や暖房器具の近くなど温度が非常に高い所、埃や湿気の多い所、また水のかかる所での使用や保管は避けて下さい。

(2)汚れは柔らかい布でからぶきして下さい。汚れのひどい時は中性洗剤を含んだ布で拭いて下さい。シンナー、アルコール等は表面を傷めますので使用しないで下さい。

長座体前屈計

番号	名　称
①	表示窓
②	ON/C スイッチ
③	OFF スイッチ
④	測定台
⑤	電池BOK
⑥	固定ネジ（4ヵ所）
⑦	高さ切り替え位置

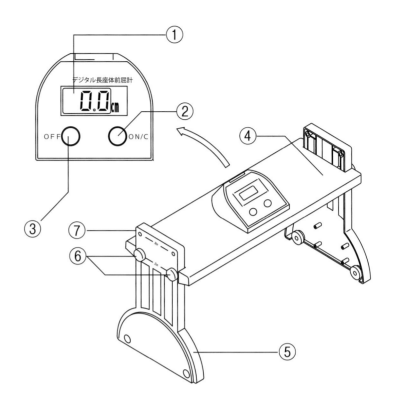

○ 正しい使い方

(1) 平たんかつ安定した床の上で使用して下さい。

(2) 操作手順は取扱説明書に従っておこなって下さい。

(3) 管理者を定め適切な指導のもとで使用し、本来の目的以外に使用しないで下さい。

○ 安全点検の時期と内容

点検箇所	点検内容	定期点検時期	標準耐用年数
測定台（車付）	変形がないか、測定台がスムーズに動くかを確認する	6ヵ月	5年
測定台固定ネジ	ネジの緩みがないか確認する	6ヵ月	5年
表示窓（数値）	表示がスムーズに動くか、数値が欠けていないかを確認する	6ヵ月	5年

※上記の点検内容にもとづいて日常点検をおこなって下さい。

※異状が確認された場合は直ちに使用を中止して、製造業者、または販売代理店にすみやかに連絡をとり、修理または交換等の適切な処置をして下さい。

○ 維持管理について［専門業者によるメンテナンスを受けて下さい］

(1) 直射日光の当たる場所や暖房器具の近くなど温度が非常に高い所、埃や湿気の多い所、また水のかかる所での使用や保管は避けて下さい。

(2) 汚れは柔らかい布でからぶきして下さい。汚れのひどい時は中性洗剤を含んだ布で拭いて下さい。シンナー、アルコール等は表面を傷めますので使用しないで下さい。

(3) 長く使用しない時は、電池を本体から外しておいて下さい。

(4) 保管の際、測定器の上に重いものをのせたままにしないで下さい。

点検の難易度／★☆☆☆☆
誤使用の危険度／★☆☆☆☆

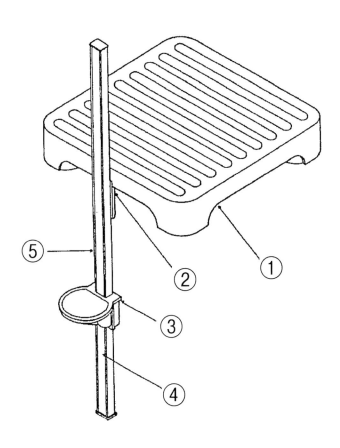

番号	名　称
①	踏み台
②	ねじ
③	カーソル
④	スケール
⑤	支柱

前屈計

◯ 正しい使い方

(1)踏み台①は平たんかつ安定した体重を支えられる台などの上に置いて使用して下さい。

(2)操作手順は取扱説明書に従っておこなって下さい。

(3)管理者を定め適切な指導のもとで使用し、本来の目的以外に使用しないで下さい。

◯ 安全点検の時期と内容

点検箇所	点検内容	定期点検時期	標準耐用年数
カーソルと支柱	スムーズに動くかを確認する	6ヵ月	5年

※上記の点検内容にもとづいて日常点検をおこなって下さい。

※異状が確認された場合は直ちに使用を中止して、製造業者、または販売代理店にすみやかに連絡をとり、修理または交換等の適切な処置
　をして下さい。

◯ 維持管理について ［ 専門業者によるメンテナンスを受けて下さい ］

(1)直射日光の当たる場所や暖房器具の近くなど温度が非常に高い所、埃や湿気の多い所、また水のかかる所での使用や
　保管は避けて下さい。

(2)汚れは柔らかい布でからぶきして下さい。汚れのひどい時は中性洗剤を含んだ布で拭いて下さい。シンナー、アルコー
　ル等は表面を傷めますので使用しないで下さい。

デジタル前屈計

番号	名　称
①	踏み台
②	ねじ
③	カーソル
④	SET スイッチ
⑤	表示窓
⑥	ON/C スイッチ
⑦	支柱

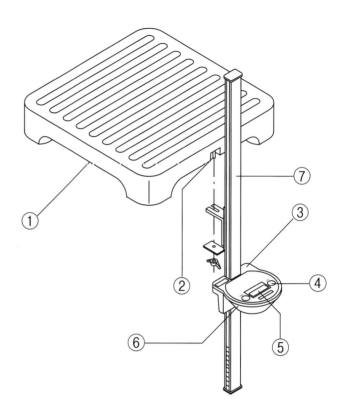

○ 正しい使い方

(1) 踏み台①は平たんかつ安定した体重を支えられる台などの上に置いて使用して下さい。

(2) 操作手順は取扱説明書に従っておこなって下さい。

(3) 管理者を定め適切な指導のもとで使用し、本来の目的以外に使用しないで下さい。

○ 安全点検の時期と内容

点検箇所	点検内容	定期点検時期	標準耐用年数
カーソルと支柱	スムーズに動くかを確認する	6ヵ月	5年
表示窓（数値）	スムーズに動くか、欠けていないかを確認する	6ヵ月	5年

※上記の点検内容にもとづいて日常点検をおこなって下さい。

※異状が確認された場合は直ちに使用を中止して、製造業者、または販売代理店にすみやかに連絡をとり、修理または交換等の適切な処置をして下さい。

○ 維持管理について［専門業者によるメンテナンスを受けて下さい］

(1) 直射日光の当たる場所や暖房器具の近くなど温度が非常に高い所、埃や湿気の多い所、また水のかかる所での使用や保管は避けて下さい。

(2) 汚れは柔らかい布でからぶきして下さい。汚れのひどい時は中性洗剤を含んだ布で拭いて下さい。シンナー、アルコール等は表面を傷めますので使用しないで下さい。

上体そらし計

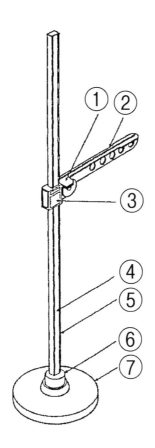

番号	名　称
①	つまみ
②	あご当て
③	カーソル
④	スケール
⑤	支柱
⑥	回転台
⑦	台

◯ 正しい使い方

（1）平たんかつ安定した床の上に置いて使用して下さい。

（2）操作手順は取扱説明書に従っておこなって下さい。

（3）管理者を定め適切な指導のもとで使用し、本来の目的以外に使用しないで下さい。

◯ 安全点検の時期と内容

点検箇所	点検内容	定期点検時期	標準耐用年数
支柱、カーソル	スムーズに動くかを確認する	6ヵ月	5年
台、回転台	スムーズに動くかを確認する	6ヵ月	5年

※上記の点検内容にもとづいて日常点検をおこなって下さい。

※異状が確認された場合は直ちに使用を中止して、製造業者、または販売代理店にすみやかに連絡をとり、修理または交換等の適切な処置をして下さい。

◯ 維持管理について［ 専門業者によるメンテナンスを受けて下さい ］

（1）直射日光の当たる場所や暖房器具の近くなど温度が非常に高い所、埃や湿気の多い所、また水のかかる所での使用や保管は避けて下さい。

（2）汚れは柔らかい布でからぶきして下さい。汚れのひどい時は中性洗剤を含んだ布で拭いて下さい。シンナー、アルコール等は表面を傷めますので使用しないで下さい。

デジタル上体そらし計

番号	名　称
①	つまみ
②	あご当て
③	ON/C スイッチ
④	支柱
⑤	台
⑥	回転台
⑦	カーソル
⑧	表示窓
⑨	SET スイッチ
⑩	ラックギヤ

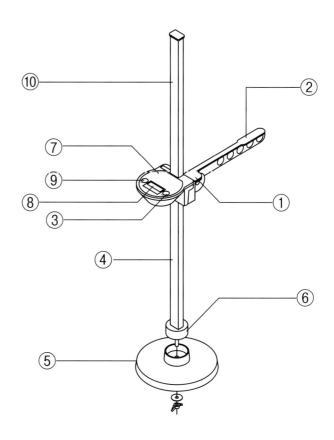

○ 正しい使い方

(1) 平たんかつ安定した床の上に置いて使用して下さい。

(2) 操作手順は取扱説明書に従っておこなって下さい。

(3) 管理者を定め適切な指導のもとで使用し、本来の目的以外に使用しないで下さい。

○ 安全点検の時期と内容

点検箇所	点検内容	定期点検時期	標準耐用年数
支柱、カーソル	スムーズに動くかを確認する	6ヵ月	5年
台、回転台	スムーズに動くかを確認する	6ヵ月	5年
表示窓（数値）	カーソルを徐々に上昇させ数値が1つづつ変化するかを確認する 欠けていないか確認する	6ヵ月	5年

※上記の点検内容にもとづいて日常点検をおこなって下さい。

※異状が確認された場合は直ちに使用を中止して、製造業者、または販売代理店にすみやかに連絡をとり、修理または交換等の適切な処置をして下さい。

○ 維持管理について［専門業者によるメンテナンスを受けて下さい］

(1) 直射日光の当たる場所や暖房器具の近くなど温度が非常に高い所、埃や湿気の多い所、また水のかかる所での使用や保管は避けて下さい。

(2) 汚れは柔らかい布でからぶきして下さい。汚れのひどい時は中性洗剤を含んだ布で拭いて下さい。シンナー、アルコール等は表面を傷めますので使用しないで下さい。

番号	名　称
①	ハンドル
②	くさり
③	踏み台
④	プーリー
⑤	針
⑥	キャップ

背筋力計

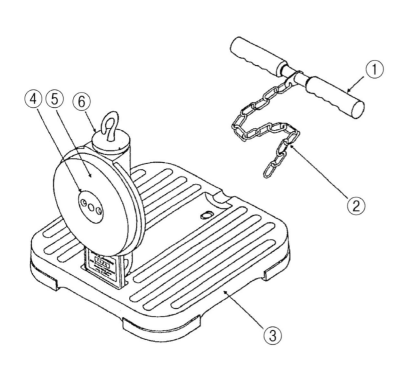

◯ 正しい使い方

(1) 平たんかつ安定した床の上に置いて使用して下さい。

(2) 正しいポジショニングで操作して下さい。

(3) 操作手順は取扱説明書に従っておこなって下さい。

(4) 管理者を定め適切な指導のもとで使用し、本来の目的以外に使用しないで下さい。

◯ 安全点検の時期と内容

点検箇所	点検内容	定期点検時期	標準耐用年数
プーリー	針が0になるかを確認する	6ヵ月	5年
キャップ	回るかを確認する	6ヵ月	5年
針	スムーズに動くかを確認する	6ヵ月	5年

※上記の点検内容にもとづいて日常点検をおこなって下さい。

※異状が確認された場合は直ちに使用を中止して、製造業者、または販売代理店にすみやかに連絡をとり、修理または交換等の適切な処置をして下さい。

◯ 維持管理について ［専門業者によるメンテナンスを受けて下さい］

(1) 直射日光の当たる場所や暖房器具の近くなど温度が非常に高い所、埃や湿気の多い所、また水のかかる所での使用や保管は避けて下さい。

(2) 汚れは柔らかい布でからぶきして下さい。汚れのひどい時は中性洗剤を含んだ布で拭いて下さい。シンナー、アルコール等は表面を傷めますので使用しないで下さい。

デジタル背筋力計

番号	名　称
①	ハンドル
②	くさり
③	踏み台
④	ON/C スイッチ
⑤	OFF スイッチ
⑥	表示窓
⑦	キャップ

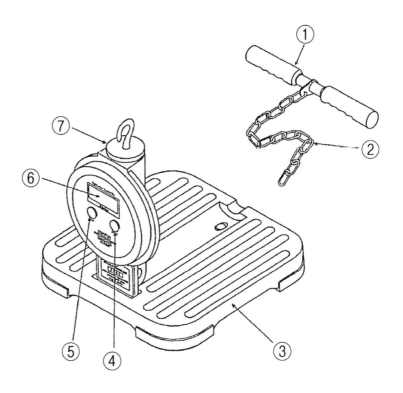

◯ 正しい使い方

（1）平たんかつ安定した床の上に置いて使用して下さい。

（2）正しいポジショニングで操作して下さい。

（3）操作手順は取扱説明書に従っておこなって下さい。

（4）管理者を定め適切な指導のもとで使用し、本来の目的以外に使用しないで下さい。

◯ 安全点検の時期と内容

点検箇所	点検内容	定期点検時期	標準耐用年数
表示窓（数値）	ON/C スイッチを押して 0 が表示するかを確認する スムーズに動くか、欠けていないかを確認する	6ヵ月	5年
キャップ	回るかを確認する	6ヵ月	5年

※上記の点検内容にもとづいて日常点検をおこなって下さい。

※異状が確認された場合は直ちに使用を中止して、製造業者、または販売代理店にすみやかに連絡をとり、修理または交換等の適切な処置をして下さい。

◯ 維持管理について［専門業者によるメンテナンスを受けて下さい］

（1）直射日光の当たる場所や暖房器具の近くなど温度が非常に高い所、埃や湿気の多い所、また水のかかる所での使用や保管は避けて下さい。

（2）汚れは柔らかい布でからぶきして下さい。汚れのひどい時は中性洗剤を含んだ布で拭いて下さい。シンナー、アルコール等は表面を傷めますので使用しないで下さい。

番号	名 称
①	プーリー
②	つまみ
③	中握り
④	握り幅目盛
⑤	針
⑥	キャップ

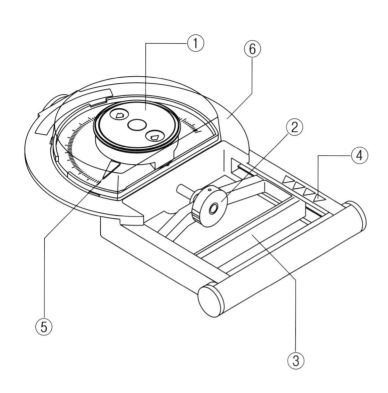

握力計

◯ 正しい使い方

(1)つまみ②を回して握り幅を調節して下さい。

(2)操作手順は取扱説明書に従っておこなって下さい。

(3)管理者を定め適切な指導のもとで使用し、本来の目的以外に使用しないで下さい。

◯ 安全点検の時期と内容

点検箇所	点検内容	定期点検時期	標準耐用年数
プーリー	針が0になるかを確認する	6ヵ月	5年
中握り	つまみを回しスムーズに動くかを確認する	6ヵ月	5年
キャップ	回るかを確認する	6ヵ月	5年
針	スムーズに動くかを確認する	6ヵ月	5年

※上記の点検内容にもとづいて日常点検をおこなって下さい。

※異状が確認された場合は直ちに使用を中止して、製造業者、または販売代理店にすみやかに連絡をとり、修理または交換等の適切な処置
をして下さい。

◯ 維持管理について[専門業者によるメンテナンスを受けて下さい]

(1)直射日光の当たる場所や暖房器具の近くなど温度が非常に高い所、埃や湿気の多い所、また水のかかる所での使用や
保管は避けて下さい。

(2)汚れは柔らかい布でからぶきして下さい。汚れのひどい時は中性洗剤を含んだ布で拭いて下さい。シンナー、アルコー
ル等は表面を傷めますので使用しないで下さい。

デジタル握力計

番号	名　称
①	OFF スイッチ
②	ON/C スイッチ
③	つまみ
④	中握り
⑤	握り幅目盛
⑥	キャップ
⑦	表示窓

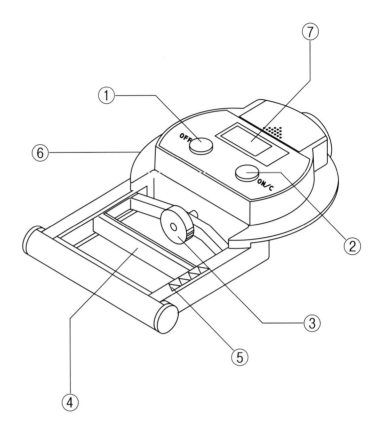

◯ 正しい使い方

(1) つまみ③を回して握り幅を調節して下さい。

(2) 操作手順は取扱説明書に従っておこなって下さい。

(3) 管理者を定め適切な指導のもとで使用し、本来の目的以外に使用しないで下さい。

◯ 安全点検の時期と内容

点検箇所	点検内容	定期点検時期	標準耐用年数
表示窓(数値)	ON/C スイッチを押して0が表示するかを確認する スムーズに動くか、欠けていないかを確認する	6ヵ月	5年
中握り	つまみを回しスムーズに動くかを確認する	6ヵ月	5年
キャップ	回るかを確認する	6ヵ月	5年

※上記の点検内容にもとづいて日常点検をおこなって下さい。

※異状が確認された場合は直ちに使用を中止して、製造業者、または販売代理店にすみやかに連絡をとり、修理または交換等の適切な処置をして下さい。

◯ 維持管理について [専門業者によるメンテナンスを受けて下さい]

(1) 直射日光の当たる場所や暖房器具の近くなど温度が非常に高い所、埃や湿気の多い所、また水のかかる所での使用や保管は避けて下さい。

(2) 汚れは柔らかい布でからぶきして下さい。汚れのひどい時は中性洗剤を含んだ布で拭いて下さい。シンナー、アルコール等は表面を傷めますので使用しないで下さい。

番号	名　称
①	握り部
②	ウェイト（重錘）
③	調節締め具
④	保護具

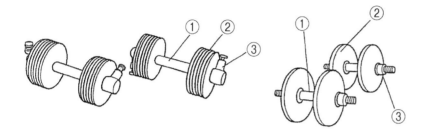

ダンベル・アレー

◯ 正しい使い方

（1）十分に動けるスペースをとって使用して下さい。

（2）ダンベルの重量調節をおこなうときは、左右同じウェイトであるかを確かめて下さい。

（3）重量調節式の場合は、調節締め具③が使用中に外れないようにしっかりと固定して下さい。

（4）高い位置から手を離すなど、落さないで下さい。

（5）正しいポジショニングでトレーニングして下さい。

（6）管理者を定め適切な指導のもとで使用し、本来の目的以外に使用しないで下さい。

◯ 安全点検の時期と内容

点検箇所	点検内容	定期点検時期	標準耐用年数
握り部	破損、変形、割れ等がないかを確認する	6ヵ月	5年
ウェイト（重錘）	破損、変形、割れ等がないかを確認する	6ヵ月	5年
調節締め具	破損、変形、摩耗等がないかを確認する	3ヵ月	2年
保護具	破損、変形、緩み等がないかを確認する	3ヵ月	2年

※上記の点検内容にもとづいて日常点検をおこなって下さい。

※異状が確認された場合は直ちに使用を中止して、製造業者、または販売代理店にすみやかに連絡をとり、修理または交換等の適切な処置をして下さい。

◯ 維持管理について［専門業者によるメンテナンスを受けて下さい］

（1）直射日光の当たらない、湿気の少ない場所に保管（設置）して下さい。

（2）汗など汚れは、柔らかい布等で拭きとって下さい。

（3）塗装部にはがれがあれば早期に補修塗装して下さい。

ダンベルラック

番号	名　称
①	ダンベル受け具
②	基台フレーム
③	基台
④	保護端具

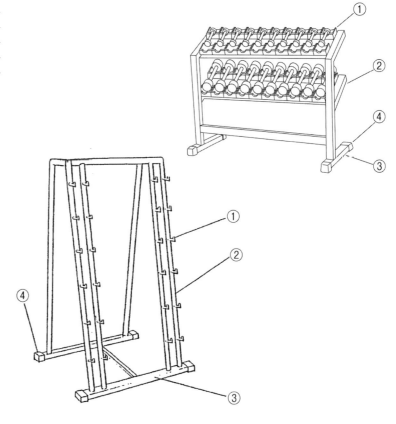

○ 正しい使い方

(1) ダンベルラックは、平たんかつ積載時の重量を十分保持できる安定した床面に設置して下さい。

(2) ダンベルラックの周囲はダンベルの出し入れに支障をきたさないように十分な領域を確保して下さい。

(3) ダンベルラックにはダンベルを確実に積載して下さい。また、規定数量より多く積載しないで下さい。

(4) 管理者を定め適切な指導のもとで使用し、本来の目的以外に使用しないで下さい。

○ 誤った使い方の一例

(1) ダンベルを所定以外の受け金具にかけることは、器具の破損や転倒など思いがけない事故が発生することがあり危険です。

○ 安全点検の時期と内容

点検箇所	点検内容	定期点検時期	標準耐用年数
ダンベル受け具	破損、変形、さび等がないかを確認する	6ヵ月	5年
基台、基台フレーム	破損、変形等がないかを確認する	6ヵ月	5年
接合部	ボルト・ナット類の緩み、変形等がないかを確認する	6ヵ月	5年
保護端具	めくれ、ひび割れ、破損、変形等がないかを確認する	6ヵ月	2年

※上記の点検内容にもとづいて日常点検をおこなって下さい。

※異状が確認された場合は直ちに使用を中止して、製造業者、または販売代理店にすみやかに連絡をとり、修理または交換等の適切な処置をして下さい。

○ 維持管理について [専門業者によるメンテナンスを受けて下さい]

(1) 直射日光の当たらない、湿気の少ない場所に保管(設置)して下さい。

(2) 塗装部にはがれがあれば早期に補修塗装して下さい。

番号	名　称
①	回転部
②	ディスク止め
③	調節締め具
④	ディスク（ウェイト）
⑤	バー

○ 正しい使い方

(1) 重量調節式の場合は、調節締め具③が使用中に外れないように、確実に固定して下さい。

(2) 左右のディスク④は、必ず同重量にセットして下さい。

(3) ディスク④の脱着は、バー⑤を安定させた状態で、ディスク④を容易に保持できる人数でおこなって下さい。

(4) 左右のバランスに留意し、握り位置をよく確認して下さい。

(5) バーベルは高い位置から、投げ落とさないで下さい。

(6) 管理者を定め適切な指導のもとで使用し、本来の目的以外に使用しないで下さい。

○ 安全点検の時期と内容

点検箇所	点検内容	定期点検時期	標準耐用年数
バー	破損、変形、ひび割れ等がないかを確認する	6ヵ月	5年
ディスク	破損、変形、ひび割れ等がないかを確認する	6ヵ月	5年
調節締め具	破損、変形、緩み、脱落等がないかを確認する	3ヵ月	2年
ディスク止め	ボルト・ナット等の緩み、脱落等がないかを確認する	3ヵ月	5年
回転部	摩耗、がたつき等がないかを確認する	3ヵ月	5年

※上記の点検内容にもとづいて日常点検をおこなって下さい。

※異状が確認された場合は直ちに使用を中止して、製造業者、または販売代理店にすみやかに連絡をとり、修理または交換等の適切な処置をして下さい。

○ 維持管理について［専門業者によるメンテナンスを受けて下さい］

(1) 直射日光の当たらない、湿気の少ない場所に保管して下さい。

(2) ディスク止めのボルト・ナット等が緩みやすいので定期点検をおこなって下さい。

(3) 塗装部にはがれがあれば早期に補修塗装して下さい。

(4) バー及びディスクは専用ラックに収納して下さい。

番号	名　称
①	バーベル受け具
②	基台フレーム
③	基台
④	保護端具

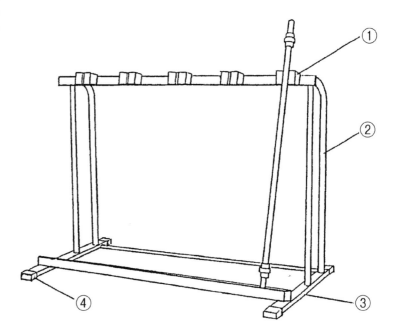

○ 正しい使い方

(1)バーベルラックは、平たんかつ積載時の重量を十分保持できる安定した床面に設置して下さい。

(2)バーベルラックの周囲はバーベルの出し入れに支障をきたさないように十分な領域を確保して下さい。

(3)バーベルラックにはバーベルを確実に積載して下さい。また、規定数量より多く立てかけないで下さい。

(4)管理者を定め適切な指導のもとで使用し、本来の目的以外に使用しないで下さい。

○ 誤った使い方の一例

(1)ディスクをつけたままバーベルをかけることは、器具の破損や転倒など思いがけない事故が発生することがあり危険です。

○ 安全点検の時期と内容

点検箇所	点検内容	定期点検時期	標準耐用年数
バーベル受け具	破損、変形、さび等がないかを確認する	6ヵ月	5年
基台、基台フレーム	破損、変形等がないかを確認する	6ヵ月	5年
接合部	ボルト・ナット類の緩み、変形等がないかを確認する	6ヵ月	5年
保護端具	めくれ、ひび割れ、破損、変形等がないかを確認する	6ヵ月	2年

※上記の点検内容にもとづいて日常点検をおこなって下さい。

※異状が確認された場合は直ちに使用を中止して、製造業者、または販売代理店にすみやかに連絡をとり、修理または交換等の適切な処置をして下さい。

○ 維持管理について [専門業者によるメンテナンスを受けて下さい]

(1)直射日光の当たらない、湿気の少ない場所に保管(設置)して下さい。

(2)塗装部にはがれがあれば早期に補修塗装して下さい。

番号	名　称
①	フレーム
②	バーベル止め
③	バーベルガイド
④	滑り止め具

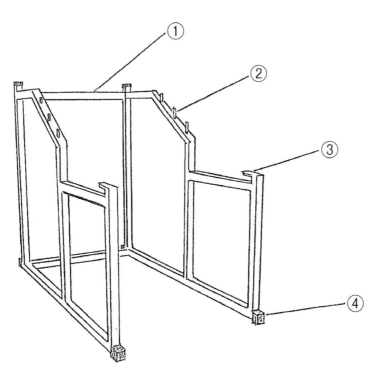

スクワットラック

○ 正しい使い方

(1) 平たんかつ安定した床面に設置し、十分に動ける領域を確保して下さい。

(2) ディスクの交換は、バーベルシャフトを確実にバーベルガイド③に掛けておこなって下さい。

(3) トレーニング中は正しい呼吸法（息をとめない）でおこなって下さい。

(4) 正しいポジショニングでトレーニングして下さい。

(5) 管理者を定め適切な指導のもとで使用し、本来の目的以外に使用しないで下さい。

○ 安全点検の時期と内容

点検箇所	点検内容	定期点検時期	標準耐用年数
フレーム	破損、変形、さび等がないかを確認する	6ヵ月	2年
バーベル止め	破損、摩耗、変形等がないかを確認する	3ヵ月	2年
バーベルガイド	破損、摩耗、変形等がないかを確認する	3ヵ月	2年
滑り止め具	破損、摩耗、はがれ、変形等がないかを確認する	3ヵ月	2年
接合部	ボルト・ナット類の緩み、破損、変形がないかを確認する	6ヵ月	2年

※上記の点検内容にもとづいて日常点検をおこなって下さい。

※異状が確認された場合は直ちに使用を中止して、製造業者、または販売代理店にすみやかに連絡をとり、修理または交換等の適切な処置をして下さい。

○ 維持管理について ［ 専門業者によるメンテナンスを受けて下さい ］

(1) 直射日光の当たらない、湿気の少ない場所に保管（設置）して下さい。

(2) 汗などの汚れは、柔らかい布等で拭きとって下さい。

(3) 塗装部にはがれがあれば早期に補修塗装して下さい。

点検の難易度／★★☆☆☆
誤使用の危険度／★★☆☆☆

インクラインベンチ

番号	名　称
①	シートパッド
②	角度調節具
③	フレーム

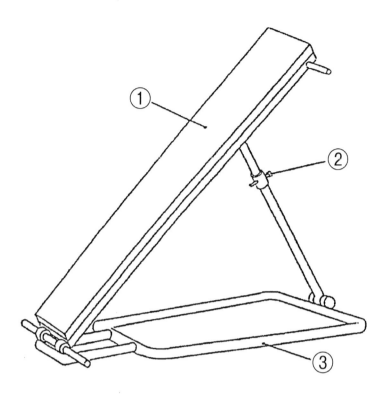

○ 正しい使い方

(1)平たんかつ安定した床面に設置し、十分な領域を確保して下さい。

(2)シートパッド①の角度調節は、角度調節具②により運動に適した位置にセットし確実に固定して下さい。

(3)シートパッド①の上に仰向けになりバーベル、ダンベル等を用いて運動をおこなって下さい。

(4)バーベルを使用する場合は、安全を確保する処置をほどこし、ラックを使用し、補助者をつけて運動して下さい。

(5)正しいポジショニングでトレーニングして下さい。

(6)管理者を定め適切な指導のもとで使用し、本来の目的以外に使用しないで下さい。

○ 安全点検の時期と内容

点検箇所	点検内容	定期点検時期	標準耐用年数
シートパッド	破れ、緩み、へたり等がないかを確認する	3ヵ月	2年
フレーム	破損、変形、さび等がないかを確認する	6ヵ月	3年
調節具	破損、摩耗、変形等がないかを確認する	6ヵ月	3年

※上記の点検内容にもとづいて日常点検をおこなって下さい。

※異状が確認された場合は直ちに使用を中止して、製造業者、または販売代理店にすみやかに連絡をとり、修理または交換等の適切な処置をして下さい。

○ 維持管理について［専門業者によるメンテナンスを受けて下さい］

(1)直射日光の当たらない、湿気の少ない場所に保管(設置)して下さい。

(2)汗などの汚れは、柔らかい布等で拭きとって下さい。

(3)塗装部にはがれがあれば早期に補修塗装して下さい。

点検の難易度／★★☆☆☆
誤使用の危険度／★★★★☆

番号	名　称
①	バーベル受け
②	上下調節支柱
③	シートパッド
④	滑り止め具

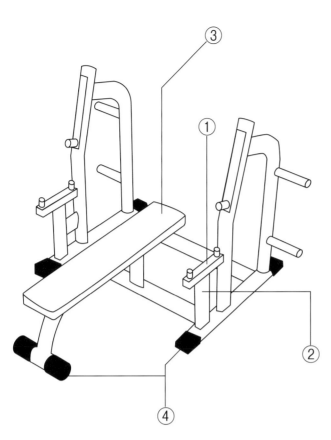

スパインベンチ

◯ 正しい使い方

(1) 平たんかつ安定した床面に設置し、十分な領域を確保して下さい。

(2) 上下調節支柱②は、バーベルのシャフトが胸を圧迫しない程度の高さに確実に固定して下さい。

(3) バーベル受け①にバーベルを載せたままウェイト調節をしないで下さい。

(4) バーベルはバランスをとって中央に載せて下さい。

(5) 指定された許容荷重以上は載せないで下さい。

(6) 必ず補助者をつけて使用して下さい。

(7) 正しいポジショニングでトレーニングして下さい。

(8) 管理者を定め適切な指導のもとで使用し、本来の目的以外に使用しないで下さい。

◯ 安全点検の時期と内容

点検箇所	点検内容	定期点検時期	標準耐用年数
バーベル受け	破れ、緩み、へたり等がないかを確認する	1ヵ月	2年
上下調節支柱	調節(固定)が確実にできるかを確認する	3ヵ月	2年
シートパッド	破れ、はがれ、へたり等がないかを確認する	3ヵ月	1年
接合部	ボルト・ナット類の緩み、破損、変形等がないかを確認する	6ヵ月	2年
滑り止め具	摩耗、破損、変形等がないかを確認する	3ヵ月	1年

※上記の点検内容にもとづいて日常点検をおこなって下さい。

※異状が確認された場合は直ちに使用を中止して、製造業者、または販売代理店にすみやかに連絡をとり、修理または交換等の適切な処置をして下さい。

◯ 維持管理について [専門業者によるメンテナンスを受けて下さい]

(1) 直射日光の当たらない、湿気の少ない場所に保管(設置)して下さい。

(2) 使用しない時は、バーベルを外しておいて下さい。

(3) 汗などの汚れは、柔らかい布等で拭きとって下さい。

(4) 塗装部にはがれがあれば早期に補修塗装して下さい。

ディクラインベンチ

番号	名　称
①	シートパッド
②	フレーム
③	角度調節具

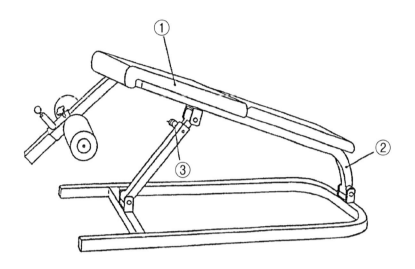

○ 正しい使い方

(1)平たんかつ安定した床面に設置し、十分な領域を確保して下さい。

(2)シートパッド①の角度調整は角度調節具③により、運動に適した位置にセットし、確実に固定して下さい。

(3)シートパッド①の上に仰向けになりバーベル、ダンベル等を用いて運動をして下さい。

(4)バーベルを使用する場合は、安全を確保する処理をほどこし、補助者をつけて運動をして下さい。

(5)正しいポジショニングでトレーニングして下さい。

(6)管理者を定め適切な指導のもとで使用し、本来の目的以外に使用しないで下さい。

○ 安全点検の時期と内容

点検箇所	点検内容	定期点検時期	標準耐用年数
シートパッド	破れ、はがれ、へたり等がないかを確認する	3ヵ月	2年
フレーム	破損、変形、さび等がないかを確認する	6ヵ月	3年
角度調節具	破損、摩耗、変形等がないかを確認する	6ヵ月	3年
接合部	ボルト・ナット類の緩み、破損、変形等がないかを確認する	3ヵ月	5年

※上記の点検内容にもとづいて日常点検をおこなって下さい。

※異状が確認された場合は直ちに使用を中止して、製造業者、または販売代理店にすみやかに連絡をとり、修理または交換等の適切な処置をして下さい。

○ 維持管理について［専門業者によるメンテナンスを受けて下さい］

(1)直射日光の当たらない、湿気の少ない場所に保管（設置）して下さい。

(2)汗などの汚れは、柔らかい布等で拭きとって下さい。

(3)塗装部にはがれがあれば早期に補修塗装して下さい。

番号	名　称
①	フレーム
②	表面材（カーペット）
③	抑圧材（クッション）
④	プラットフォーム（木材）

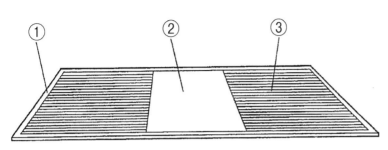

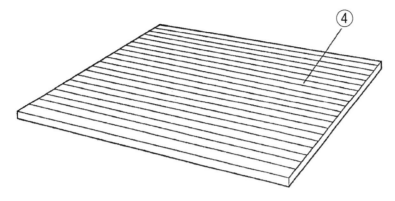

◯ 正しい使い方

(1)平たんかつ安定した床面に設置し、十分な領域を確保して下さい。

(2)表面は平らで隙間なく、つまずくような段差が無いように設置して下さい。

(3)プラットフォーム上には、バッグなどの物を置かないで下さい。

(4)正しいポジショニングでトレーニングして下さい。

(5)管理者を定め適切な指導のもとで使用し、本来の目的以外に使用しないで下さい。

◯ 安全点検の時期と内容

点検箇所	点検内容	定期点検時期	標準耐用年数
フレーム	破損、変形、さび等がないかを確認する	6ヵ月	5年
表面材（カーペット）	摩耗、ほつれ、破れ、しわ、ずれ等がないかを確認する	3ヵ月	1年
抑圧材（クッション）	破れ、へたり、変形等がないかを確認する	3ヵ月	1年
プラットフォーム（木材）	ばり、とがり、割れ、ささくれ、き裂、そり等がないかを確認する	6ヵ月	2年
接合部	ボルト・ナット類の緩み、破損、変形等がないかを確認する	6ヵ月	2年

※上記の点検内容にもとづいて日常点検をおこなって下さい。

※異状が確認された場合は直ちに使用を中止して、製造業者、または販売代理店にすみやかに連絡をとり、修理または交換等の適切な処置をして下さい。

◯ 維持管理について［専門業者によるメンテナンスを受けて下さい］

(1)直射日光の当たらない、湿気の少ない場所に保管（設置）して下さい。

(2)汗などの汚れは、柔らかい布等で拭きとって下さい。

(3)塗装部にはがれがあれば早期に補修塗装して下さい。

パンチングボール

番号	名　　称
①a	シングル型 パンチングボール
①b	ダブルエンド型 パンチングボール
②	ドラム
③	フレーム
④	上下装置
⑤	固定具
⑥	ハンドル

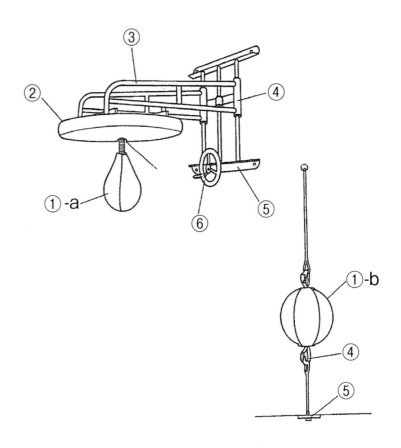

○ 正しい使い方

(1) 平たんかつ安定した床面に運動できる十分な領域を確保して下さい。

(2) 固定具⑤はコンクリート製壁面や床面に確実に固定して下さい。

(3) シングル型パンチングボール①aは使用者の目の高さに調節して下さい。

(4) ダブルエンド型パンチングボール①bは使用者の肩より下、ベルトより上の範囲の高さで調節して下さい。

(5) 正しいポジショニングでトレーニングして下さい。

(6) 管理者を定め適切な指導のもとで使用し、本来の目的以外に使用しないで下さい。

○ 誤った使い方の一例

(1) ぶら下がったり、登ったりすることは、器具の破損や落下など思いがけない事故が発生することがあり危険です。

○ 安全点検の時期と内容

点検箇所	点検内容	定期点検時期	標準耐用年数
パンチングボール	破れ、はがれ、へたり、空気もれ等がないかを確認する	3ヵ月	2年
フレーム	破損、変形、さび等がないかを確認する	6ヵ月	5年
ドラム	割れ、はがれ、ささくれ等がないかを確認する	6ヵ月	5年
上下装置	油切れ、摩耗、異常音等がないかを確認する	3ヵ月	3年
ハンドル	欠落、変形等がないかを確認する	6ヵ月	3年
回転部	摩耗、変形、異常音等がないかを確認する	3ヵ月	2年
固定具	摩耗、変形、異常音等がないかを確認する	6ヵ月	5年
接合部	ボルト・ナット類の緩み、破損、変形等がないかを確認する	6ヵ月	2年

※上記の点検内容にもとづいて日常点検をおこなって下さい。

※異状が確認された場合は直ちに使用を中止して、製造業者、または販売代理店にすみやかに連絡をとり、修理または交換等の適切な処置をして下さい。

○ 維持管理について［専門業者によるメンテナンスを受けて下さい］

(1) 直射日光の当たらない、湿気の少ない場所に保管(設置)して下さい。

(2) 汗などの汚れは、柔らかい布等で拭きとって下さい。

(3) 塗装部にはがれがあれば早期に補修塗装して下さい。

番号	名　称
①	トレーニングバッグ
②	フレーム
③	回転部
④	吊り具
⑤	固定具

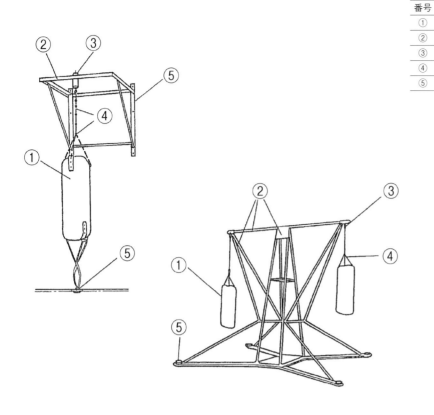

○ 正しい使い方

(1)平たんかつ安定した床面に運動できる十分な領域を確保して下さい。

(2)固定具⑤はコンクリート製壁面や床面に確実に固定して下さい。

(3)上下調節式の場合はトレーニングバッグ①を使用者の運動に合った高さにして下さい。

(4)使用者はナックル、あるいは足の甲の正しい部分で打つ(蹴る)運動をおこなって下さい。

(5)正しいポジショニングでトレーニングして下さい。

(6)管理者を定め適切な指導のもとで使用し、本来の目的以外に使用しないで下さい。

○ 誤った使い方の一例

(1)ぶら下がったり、登ったりすることは、器具の破損や落下など思いがけない事故が発生することがあり危険です。

○ 安全点検の時期と内容

点検箇所	点検内容	定期点検時期	標準耐用年数
トレーニングバッグ	破れ、はがれ、へたり等がないかを確認する	3ヵ月	2年
フレーム	破損、変形、さび等がないかを確認する	6ヵ月	5年
吊り具	摩耗、破損、変形等がないかを確認する	3ヵ月	3年
回転部	摩耗、変形、異常音等がないかを確認する	3ヵ月	2年
固定具	摩耗、変形、異常音等がないかを確認する	6ヵ月	2年
接合部	ボルト・ナット類の緩み、破損、変形等がないかを確認する	6ヵ月	2年

※上記の点検内容にもとづいて日常点検をおこなって下さい。

※異状が確認された場合は直ちに使用を中止して、製造業者、または販売代理店にすみやかに連絡をとり、修理または交換等の適切な処置をして下さい。

○ 維持管理について [専門業者によるメンテナンスを受けて下さい]

(1)直射日光の当たらない、湿気の少ない場所に保管(設置)して下さい。

(2)汗などの汚れは、柔らかい布等で拭きとって下さい。

(3)塗装部にはがれがあれば早期に補修塗装して下さい。

バックエクステンション

番号	名　称
①	シートパッド
②	調節締め具
③	基台
④	フレーム

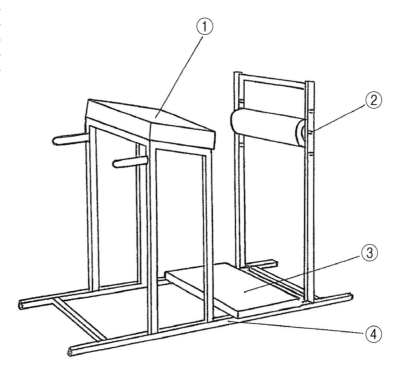

○ 正しい使い方

(1) 平たんかつ安定した床面に設置し、十分な領域を確保して下さい。

(2) 足掛け部の位置を、調節締め具②で運動がおこないやすい位置にセットして下さい。

(3) 本体の上にうつ伏せになり、背筋運動をして下さい。

(4) 正しいポジショニングと専用の付属品でトレーニングして下さい。

(5) 器具の目的に合った使用をして下さい。

(6) 管理者を定め適切な指導のもとで使用し、本来の目的以外に使用しないで下さい。

○ 安全点検の時期と内容

点検箇所	点検内容	定期点検時期	標準耐用年数
シートパッド	破れ、はがれ、へたり等がないかを確認する	3ヵ月	2年
調節締め具	破損、変形、緩み、脱落等がないかを確認する	3ヵ月	3年
基台	破れ、はがれ、へたり等がないかを確認する	3ヵ月	2年
フレーム	破損、変形、さび等がないかを確認する	6ヵ月	3年

※上記の点検内容にもとづいて日常点検をおこなって下さい。

※異状が確認された場合は直ちに使用を中止して、製造業者、または販売代理店にすみやかに連絡をとり、修理または交換等の適切な処置をして下さい。

○ 維持管理について [専門業者によるメンテナンスを受けて下さい]

(1) 直射日光の当たらない、湿気の少ない場所に保管(設置)して下さい。

(2) 汗などの汚れは、柔らかい布等で拭きとって下さい。

(3) 塗装部にはがれがあれば早期に補修塗装して下さい。

番号	名　称
①	フレーム
②	シートパッド
③	調節具

ローマンチェアー

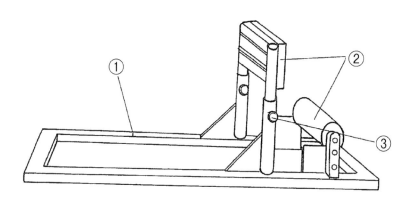

◯ 正しい使い方

(1)平たんかつ安定した床面に設置し、十分な領域を確保して下さい。

(2)足の甲と、ひざの裏面をシートパッド②に掛けて固定し、深くしゃがんだり立ったりして下さい。

(3)足の甲と、ひざの裏面をシートパッド②に掛けて固定し、全身を後ろ下に深く曲げて弓なりにそらして下さい。

(4)正しいポジショニングと専用の付属品でトレーニングして下さい。

(5)器具の目的に合った使用をして下さい。

(6)管理者を定め適切な指導のもとで使用し、本来の目的以外に使用しないで下さい。

◯ 安全点検の時期と内容

点検箇所	点検内容	定期点検時期	標準耐用年数
フレーム	破損、変形、さび等がないかを確認する	6ヵ月	3年
シートパッド	破れ、はがれ、へたり等がないかを確認する	3ヵ月	2年
調節具	破損、摩耗、変形等がないかを確認する	6ヵ月	3年

※上記の点検内容にもとづいて日常点検をおこなって下さい。

※異状が確認された場合は直ちに使用を中止して、製造業者、または販売代理店にすみやかに連絡をとり、修理または交換等の適切な処置をして下さい。

◯ 維持管理について [専門業者によるメンテナンスを受けて下さい]

(1)直射日光の当たらない、湿気の少ない場所に保管(設置)して下さい。

(2)汗などの汚れは、柔らかい布等で拭きとって下さい。

(3)塗装部にはがれがあれば早期に補修塗装して下さい。

チェストウェイト

番号	名　称
①	握り手
②	ロープ
③	滑車
④	フレーム
⑤	ウェイト（重錘）
⑥	保護端具

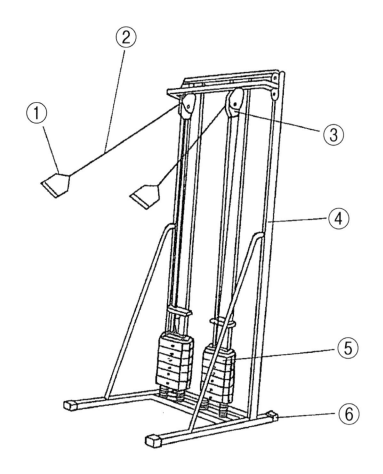

○ 正しい使い方

(1)平たんかつ安定した床面に設置し、十分な領域を確保して下さい。

(2)ウェイト⑤を自分に合った重量にセットして下さい。

(3)フレーム④に向かって立ち、握り手①を握って自分の方へ引きます。(左右同時又は左右交互)

(4)フレーム④に背を向けて立ち、握り手①を握って前方へ引きます。(左右同時又は左右交互)

(5)握り手①を引く時に力を入れ息を吐き、力を抜くときに息を吸います。

(6)正しいポジショニングと専用の付属品でトレーニングして下さい。

(7)器具の目的に合った使用をして下さい。

(8)管理者を定め適切な指導のもとで使用し、本来の目的以外に使用しないで下さい。

○ 誤った使い方の一例

(1)ウェイトピンをしっかり固定しないで使用することは、器具の落下や指を挟むなど思いがけない事故が発生することがあり危険です。

○ 安全点検の時期と内容

点検箇所	点検内容	定期点検時期	標準耐用年数
ロープ	破損、変形、さび等がないかを確認する	3ヵ月	1年
接合部	ボルト・ナット類の緩み、脱落等がないかを確認する	3ヵ月	5年
握り手、滑車、ウェイト、フレーム	破損、変形、さび等がないかを確認する	6ヵ月	3年
保護端具	破損、摩耗、変形等がないかを確認する	3ヵ月	1年

※上記の点検内容にもとづいて日常点検をおこなって下さい。

※異状が確認された場合は直ちに使用を中止して、製造業者、または販売代理店にすみやかに連絡をとり、修理または交換等の適切な処置をして下さい。

○ 維持管理について [専門業者によるメンテナンスを受けて下さい]

(1)直射日光の当たらない、湿気の少ない場所に保管(設置)して下さい。

(2)汗などの汚れは、柔らかい布等で拭きとって下さい。

(3)塗装部にはがれがあれば早期に補修塗装して下さい。

点検の難易度／★★☆☆☆
誤使用の危険度／★★☆☆☆

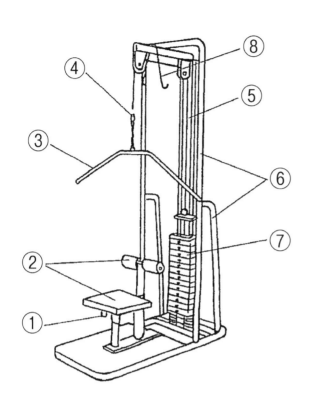

番号	名　称
①	高さ調節具
②	シートパッド
③	バー（ハンドル）
④	ナスカン
⑤	ロープ
⑥	フレーム
⑦	ウェイト（重錘）
⑧	フック

ラットマシン

◯ 正しい使い方

(1)平たんかつ安定した床面に設置し、十分な領域を確保して下さい。
(2)フレームに向かって椅子に座し、膝を固定（高さ調節具①により）し、バー（ハンドル）③を胸の位置まで引き下ろして下さい。
(3)ウェイト⑦を自分に合った重量にセットして下さい。
(4)バー（ハンドル）③を引き下ろすとき息を吐き、戻すとき息を吸って下さい。
(5)バー（ハンドル）③は使用を終了したらフック⑧に掛けて下さい。
(6)正しいポジショニングと専用の付属品でトレーニングして下さい。
(7)器具の目的に合った使用をして下さい。
(8)管理者を定め適切な指導のもとで使用し、本来の目的以外に使用しないで下さい。

◯ 誤った使い方の一例

(1)ウェイトピンをしっかり固定しないで使用することは、器具の落下や指を挟むなど思いがけない事故が発生することがあり危険です。

◯ 安全点検の時期と内容

点検箇所	点検内容	定期点検時期	標準耐用年数
高さ調節具	破損、摩耗、変形等がないかを確認する	6ヵ月	3年
シートパッド	破れ、はがれ、へたり等がないかを確認する	3ヵ月	2年
ナスカン	変形、さび、摩耗等がないかを確認する	6ヵ月	2年
ロープ	破れ、さび、ほつれ等がないかを確認する	3ヵ月	1年
フレーム、ウェイト、バー	破損、変形、さび等がないかを確認する	6ヵ月	3年
接合部	ボルト・ナット類の緩み、破損、変形等がないかを確認する	3ヵ月	5年

※上記の点検内容にもとづいて日常点検をおこなって下さい。
※異状が確認された場合は直ちに使用を中止して、製造業者、または販売代理店にすみやかに連絡をとり、修理または交換等の適切な処置をして下さい。

◯ 維持管理について［専門業者によるメンテナンスを受けて下さい］

(1)直射日光の当たらない、湿気の少ない場所に保管（設置）して下さい。
(2)汗などの汚れは、柔らかい布等で拭きとって下さい。
(3)塗装部にはがれがあれば早期に補修塗装して下さい。

トレーニング器具

アンダープーリーマシン

番号	名　称
①	フレーム
②	ロープ
③	ナスカン
④	ウェイト(重錘)
⑤	足あて
⑥	バー(ハンドル)
⑦	基台

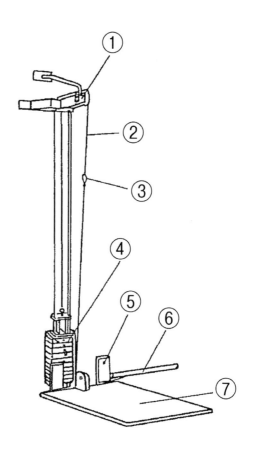

◯ 正しい使い方

(1)平たんかつ安定した床面に設置し、十分な領域を確保して下さい。

(2)ウェイト④を自分に合った重量にセットして下さい。

(3)マシンに向かって両足を、足あてに置き座ります。(この時ひざは伸ばした状態又は少し曲げた状態にします)

(4)上半身をマシンの方へ曲げバー(ハンドル)⑥を、両手で握り胸の方へ引きつけて下さい。

(5)バー(ハンドル)⑥を引くとき力を入れ息を吐き、戻すとき息を吸って下さい。

(6)正しいポジショニングと専用の付属品でトレーニングして下さい。

(7)器具の目的に合った使用をして下さい。

(8)管理者を定め適切な指導のもとで使用し、本来の目的以外に使用しないで下さい。

◯ 誤った使い方の一例

(1)ウェイトピンをしっかり固定しないで使用することは、器具の落下や指を挟むなど思いがけない事故が発生することがあり危険です。

◯ 安全点検の時期と内容

点検箇所	点検内容	定期点検時期	標準耐用年数
接合部	ボルト・ナット類の緩み、破損、変形等がないかを確認する	3ヵ月	5年
フレーム、ウェイト、バー	破損、変形、さび等がないかを確認する	6ヵ月	3年
ロープ	破れ、さび、ほつれ等がないかを確認する	3ヵ月	1年
ナスカン	変形、さび、摩耗等がないかを確認する	6ヵ月	2年
基台、足あて	破れ、はがれ、へたり等がないかを確認する	3ヵ月	2年

※上記の点検内容にもとづいて日常点検をおこなって下さい。

※異状が確認された場合は直ちに使用を中止して、製造業者、または販売代理店にすみやかに連絡をとり、修理または交換等の適切な処置をして下さい。

◯ 維持管理について [専門業者によるメンテナンスを受けて下さい]

(1)直射日光の当たらない、湿気の少ない場所に保管(設置)して下さい。

(2)汗などの汚れは、柔らかい布等で拭きとって下さい。

(3)塗装部にはがれがあれば早期に補修塗装して下さい。

番号	名　称
①	肩パッド
②	フレーム
③	ステップ
④	ウェイト(重錘)
⑤	チェーン、ワイヤー等

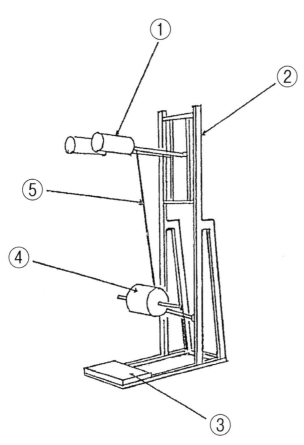

カーフレイズマシン

◯ 正しい使い方

(1)平たんかつ安定した床面に設置し、十分な領域を確保して下さい。

(2)ウェイト④を自分に合った重量にセットして下さい。

(3)トレーニング中は正しい呼吸法(息をとめない)でおこなって下さい。

(4)正しいポジショニングでトレーニングして下さい。

(5)正しいポジショニングと専用の付属品でトレーニングして下さい。

(6)器具の目的に合った使用をして下さい。

(7)管理者を定め適切な指導のもとで使用し、本来の目的以外に使用しないで下さい。

◯ 安全点検の時期と内容

点検箇所	点検内容	定期点検時期	標準耐用年数
肩パッド	破れ、はがれ、へたり等がないかを確認する	3ヵ月	1年
フレーム	破損、変形、さび等がないかを確認する	6ヵ月	5年
ステップ	破損、割れ、はがれ、変形等がないかを確認する	6ヵ月	5年
ウェイト	変形、割れ、変形等がないかを確認する	6ヵ月	10年
チェーン、ワイヤー等	破損、摩耗、伸び等がないかを確認する	3ヵ月	1年
接合部	ボルト・ナット類の緩み、破損、変形等がないかを確認する	6ヵ月	3年

※上記の点検内容にもとづいて日常点検をおこなって下さい。

※異状が確認された場合は直ちに使用を中止して、製造業者、または販売代理店にすみやかに連絡をとり、修理または交換等の適切な処置をして下さい。

◯ 維持管理について [専門業者によるメンテナンスを受けて下さい]

(1)直射日光の当たらない、湿気の少ない場所に保管(設置)して下さい。

(2)汗などの汚れは、柔らかい布等で拭きとって下さい。

(3)回転部には機械油を注油して下さい。

(4)塗装部にはがれがあれば早期に補修塗装して下さい。

点検の難易度／★★☆☆☆
誤使用の危険度／★★★☆☆

番号	名　称
①	フレーム
②	ウェイトレール
③	スライドレール
④	背当パッド
⑤	ステップ
⑥	グリップ
⑦	チェーン・ワイヤー等
⑧	土台・フレーム
⑨	ウェイト(重錘)

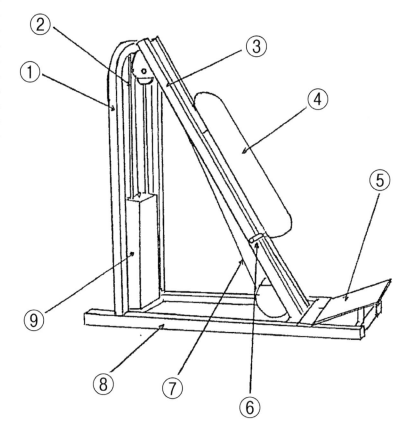

○ 正しい使い方

(1)平たんかつ安定した床面に設置し、十分な領域を確保して下さい。

(2)ウェイト⑨を自分に合った重量にセットして下さい。

(3)トレーニング中は正しい呼吸法(息をとめない)でおこなって下さい。

(4)正しいポジショニングでトレーニングして下さい。

(5)正しいポジショニングと専用の付属品でトレーニングして下さい。

(6)器具の目的に合った使用をして下さい。

(7)管理者を定め適切な指導のもとで使用し、本来の目的以外に使用しないで下さい。

○ 誤った使い方の一例

(1)ウェイトピンをしっかり固定しないで使用することは、器具の落下や指を挟むなど思いがけない事故が発生することがあり危険です。

○ 安全点検の時期と内容

点検箇所	点検内容	定期点検時期	標準耐用年数
フレーム	破損、変形、さび等がないかを確認する	6ヵ月	5年
レール類	破損、摩耗、変形等がないかを確認する	3ヵ月	2年
背当パッド	破れ、はがれ、へたり等がないかを確認する	3ヵ月	1年
グリップ	破れ、はがれ、変形等がないかを確認する	3ヵ月	1年
チェーン、ワイヤー等	破損、摩耗、伸び等がないかを確認する	3ヵ月	1年
接合部	ボルト・ナット類の緩み、破損、変形等がないかを確認する	3ヵ月	2年

※上記の点検内容にもとづいて日常点検をおこなって下さい。

※異状が確認された場合は直ちに使用を中止して、製造業者、または販売代理店にすみやかに連絡をとり、修理または交換等の適切な処置をして下さい。

○ 維持管理について [専門業者によるメンテナンスを受けて下さい]

(1)直射日光の当たらない、湿気の少ない場所に保管(設置)して下さい。

(2)汗などの汚れは、柔らかい布等で拭きとって下さい。

(3)塗装部にはがれがあれば早期に補修塗装して下さい。

ハックマシン

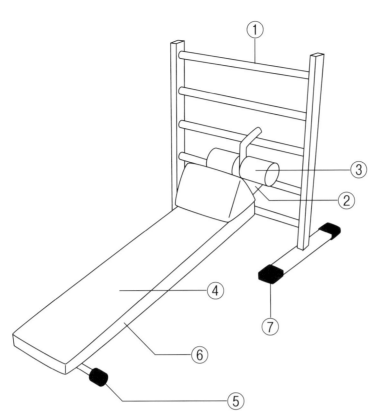

番号	名　称
①	ボードラック
②	掛け具
③	足掛け
④	シートパッド
⑤	キャスター
⑥	ボードフレーム
⑦	滑り止め具

◯ 正しい使い方

(1) 平たんかつ安定した床面に設置し、十分な領域を確保して下さい。

(2) 掛け具②をボードラック①に確実に掛けて使用して下さい。

(3) 正しいポジショニングでトレーニングして下さい。

(4) 正しいポジショニングと専用の付属品でトレーニングして下さい。

(5) 器具の目的に合った使用をして下さい。

(6) 管理者を定め適切な指導のもとで使用し、本来の目的以外に使用しないで下さい。

◯ 安全点検の時期と内容

点検箇所	点検内容	定期点検時期	標準耐用年数
ボードラック	破損、変形、さび等がないかを確認する	6ヵ月	5年
掛け具	破損、変形、はがれ、摩耗等がないかを確認する	6ヵ月	5年
足掛け	破れ、はがれ、へたり等がないかを確認する	3ヵ月	1年
シートパッド	破れ、はがれ、へたり等がないかを確認する	3ヵ月	1年
キャスター	破損、変形、摩耗等がないかを確認する	6ヵ月	2年
ボードフレーム	破損、変形、さび等がないかを確認する	6ヵ月	5年
滑り止め具	破損、摩耗、はがれ、変形等がないかを確認する	6ヵ月	2年
接合部	ボルト・ナット類の緩み、破損、変形等がないかを確認する	6ヵ月	2年

※上記の点検内容にもとづいて日常点検をおこなって下さい。

※異状が確認された場合は直ちに使用を中止して、製造業者、または販売代理店にすみやかに連絡をとり、修理または交換等の適切な処置をして下さい。

◯ 維持管理について［専門業者によるメンテナンスを受けて下さい］

(1) 直射日光の当たらない、湿気の少ない場所に保管(設置)して下さい。

(2) 汗などの汚れは、柔らかい布等で拭きとって下さい。

(3) 塗装部にはがれがあれば早期に補修塗装して下さい。

アブドミナルボード

点検の難易度／★★★★☆
誤使用の危険度／★★★☆☆

ウェイト式トレーニングマシン

番号	名　称
①	フレーム
②	グリップ
③	シートパッド
④	ウェイト(重錘)
⑤	ウェイト調節ピン
⑥	チェーン・ワイヤー等

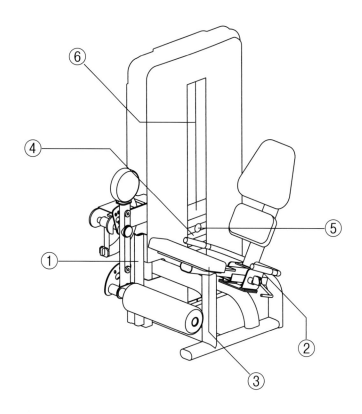

○ 正しい使い方

(1) 平たんかつ安定した床面に設置し、十分な領域を確保して下さい。

(2) ウェイト調節ピン⑤は確実に差し込んでからトレーニングして下さい。

(3) ウェイト④を自分に合った重量にセットして下さい。

(4) ウェイト④の間やチェーン・ワイヤ等⑥に手指をはさまないように十分注意して下さい。

(5) トレーニングは正しい呼吸法(息を止めない)でおこなって下さい。

(6) 正しいポジショニングと専用の付属品でトレーニングして下さい。

(7) 器具の目的に合った使用をして下さい。

(8) 管理者を定め適切な指導のもとで使用し、本来の目的以外に使用しないで下さい。

○ 安全点検の時期と内容

点検箇所	点検内容	定期点検時期	標準耐用年数
フレーム	破損、変形、さび等がないかを確認する	6ヵ月	5年
シートパッド	破れ、はがれ、へたり等がないかを確認する	3ヵ月	1年
グリップ	破れ、はがれ、変形等がないかを確認する	3ヵ月	1年
チェーン・ワイヤー等	破損、摩耗、伸び等がないかを確認する	1ヵ月	1年
回転部	摩耗、変形、異常音等がないかを確認する	3ヵ月	2年
接合部	ボルト・ナット類の緩み、破損、変形等がないかを確認する	3ヵ月	2年

※上記の点検内容にもとづいて日常点検をおこなって下さい。

※異状が確認された場合は直ちに使用を中止して、製造業者、または販売代理店にすみやかに連絡をとり、修理または交換等の適切な処置をして下さい。

○ 維持管理について [専門業者によるメンテナンスを受けて下さい]

(1) 直射日光の当たらない、湿気の少ない場所に保管(設置)して下さい。

(2) 汗などの汚れは、柔らかい布等で拭きとって下さい。

(3) 塗装部にはがれがあれば早期に補修塗装して下さい。

点検の難易度／★★★★☆
誤使用の危険度／★★★☆☆

番号	名　称
①	フレーム
②	回転軸
③	シリンダー
④	グリップ
⑤	シートパッド

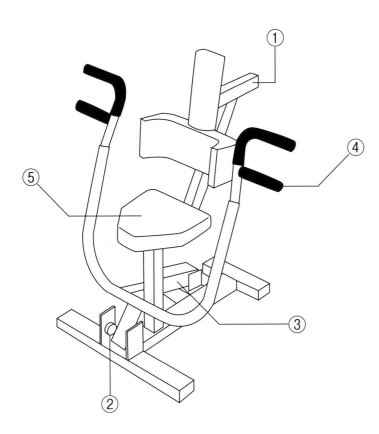

○ 正しい使い方

(1)平たんかつ安定した床面に設置し、十分な領域を確保して下さい。

(2)トレーニングは正しい呼吸法(息を止めない)でおこなって下さい。

(3)トレーニング中、必要に応じてシートベルトを着用して下さい。

(4)正しいポジショニングと専用の付属品でトレーニングして下さい。

(5)器具の目的に合った使用をして下さい。

(6)管理者を定め適切な指導のもとで使用し、本来の目的以外に使用しないで下さい。

○ 安全点検の時期と内容

点検箇所	点検内容	定期点検時期	標準耐用年数
フレーム	破損、変形、さび等がないかを確認する	6ヵ月	5年
接合部	ボルト・ナット類の緩み、変形等がないかを確認する	3ヵ月	2年
回転軸	油切れ、異常音等がないかを確認する	1ヵ月	2年
シートパッド、シートベルト	破れ、はがれ、へたり等がないかを確認する	3ヵ月	1年
シリンダー	油漏れ、あそびがないかを確認する	6ヵ月	3年
グリップ	破れ、はがれ、変形等がないかを確認する	3ヵ月	1年

※上記の点検内容にもとづいて日常点検をおこなって下さい。

※異状が確認された場合は直ちに使用を中止して、製造業者、または販売代理店にすみやかに連絡をとり、修理または交換等の適切な処置をして下さい。

○ 維持管理について [専門業者によるメンテナンスを受けて下さい]

(1)直射日光の当たらない、湿気の少ない場所に保管(設置)して下さい。

(2)汗などの汚れは、柔らかい布等で拭きとって下さい。

(3)回転部には機械油を注油して下さい。

(4)塗装部にはがれがあれば早期に補修塗装して下さい。

油圧式トレーニングマシン

番号	名　称
①	操作パネル
②	カバー
③	電源プラグ
④	電源コード
⑤	フレーム
⑥	シートパッド
⑦	シートベルト ※任意取付け
⑧	グリップ

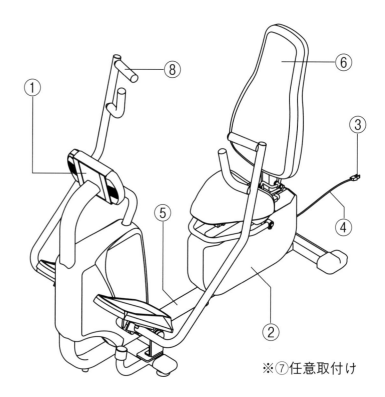

※⑦任意取付け

○ 正しい使い方

(1) 平たんかつ安定した床面に設置し、十分な領域を確保して下さい。

(2) 操作パネル①で自分に合った負荷にセットして下さい。

(3) 電源プラグ③の抜き差しは、必ず電源コード④の電源プラグ部を持っておこなって下さい。

(4) ぬれた手で電気部品には絶対に触れないで下さい。また、アースも必ずとって下さい。

(5) 機器の消費電力に間に合う電気容量を準備して下さい。

(6) トレーニング中は正しい呼吸法(息を止めない)でおこなって下さい。

(7) 正しいポジショニングと専用の付属品でトレーニングして下さい。

(8) 器具の目的に合った使用をして下さい。

(9) 管理者を定め適切な指導のもとで使用し、本来の目的以外に使用しないで下さい。

○ 安全点検の時期と内容

点検箇所	点検内容	定期点検時期	標準耐用年数
フレーム	破損、変形、さび等がないかを確認する	6ヵ月	5年
シートパッド、シートベルト	破れ、はがれ、へたり等がないかを確認する	3ヵ月	1年
カバー	破損、き裂、へたり等がないかを確認する	3ヵ月	2年
グリップ	破れ、はがれ、変形等がないかを確認する	3ヵ月	1年
電源コード	破損、変形、き裂等がないかを確認する	3ヵ月	1年
回転部	摩耗、変形、異常音等がないかを確認する	3ヵ月	2年
接合部	ボルト・ナット類の緩み、破損、変形等がないかを確認する	3ヵ月	2年
電気部品	異状な発熱、煙、異常音やにおい等がないかを確認する	3ヵ月	2年

※上記の点検内容にもとづいて日常点検をおこなって下さい。

※異状が確認された場合は直ちに使用を中止して、製造業者、または販売代理店にすみやかに連絡をとり、修理または交換等の適切な処置をして下さい。

○ 維持管理について [専門業者によるメンテナンスを受けて下さい]

(1) 直射日光の当たらない、湿気の少ない場所に保管(設置)して下さい。

(2) 汗などの汚れは、柔らかい布等で拭きとって下さい。

(3) 塗装部にはがれがあれば早期に補修塗装して下さい。

電磁ブレーキ式トレーニングマシン

番号	名　称
①	フレーム
②	シリンダー
③	グリップ
④	シートパッド
⑤	空気圧調整器
⑥	空気タンク
⑦	ドレン（水抜き）
⑧	空気圧縮機

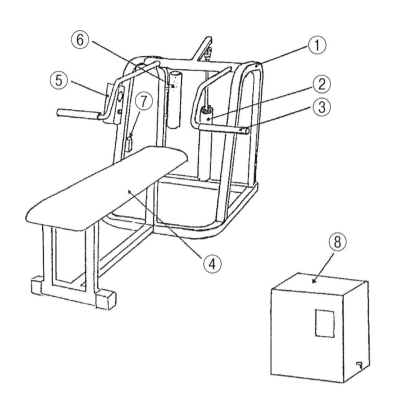

空気圧式トレーニングマシン

◯ 正しい使い方

(1) 平たんかつ安定した床面に設置し、十分な領域を確保して下さい。

(2) 空気圧縮機⑧が止まって（空気が十分に充てんされて）から空気圧（負荷）の調節をおこなって下さい。

(3) 空気圧調整器⑤を自分に合った負荷にセットして下さい。

(4) 機器の消費電力に間に合う電気容量を準備して下さい。

(5) トレーニング中は正しい呼吸法（息を止めない）でおこなって下さい。

(6) 正しいポジショニングと専用の付属品でトレーニングして下さい。

(7) 器具の目的に合った使用をして下さい。

(8) 管理者を定め適切な指導のもとで使用し、本来の目的以外に使用しないで下さい。

◯ 安全点検の時期と内容

点検箇所	点検内容	定期点検時期	標準耐用年数
フレーム	破損、変形、さび等がないかを確認する	6ヵ月	5年
シリンダー	空気漏れがないかを確認する	6ヵ月	3年
シートパッド	破れ、はがれ、へたり等がないかを確認する	3ヵ月	1年
空気圧調整器	空気圧の増減が滑らかにおこなわれているかを確認する	3ヵ月	2年
ドレン	内部に水が溜ってないかを確認する	1ヵ月	1年
空気圧縮機	タンク内に水が溜ってないかを確認する	3ヵ月	2年
グリップ	破れ、はがれ、変形等がないかを確認する	3ヵ月	1年
接合部	ボルト・ナット類の緩み、破損、変形等がないかを確認する	3ヵ月	2年

※上記の点検内容にもとづいて日常点検をおこなって下さい。

※異状が確認された場合は直ちに使用を中止して、製造業者、または販売代理店にすみやかに連絡をとり、修理または交換等の適切な処置をして下さい。

◯ 維持管理について［専門業者によるメンテナンスを受けて下さい］

(1) 直射日光の当たらない、湿気の少ない場所に保管（設置）して下さい。

(2) 汗などの汚れは、柔らかい布等で拭きとって下さい。

(3) 塗装部にはがれがあれば早期に補修塗装して下さい。

(4) 回転部には機械油を注油して下さい。

(5) シリンダーロッド部に埃が付着しないようにして下さい。

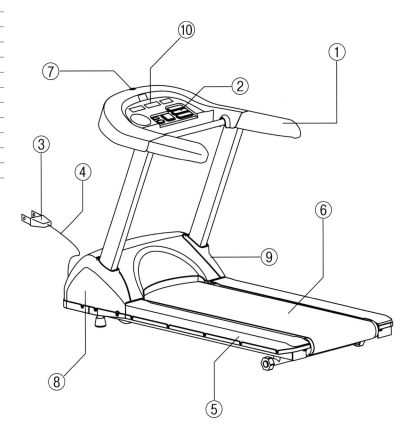

番号	名　称
①	手すり
②	操作パネル
③	電源プラグ
④	電源コード
⑤	フレーム
⑥	走行ベルト
⑦	緊急停止スイッチ
⑧	カバー
⑨	ブレーカー
⑩	表示計

◯ 正しい使い方

(1) 平たんかつ安定した床面に設置し、十分な領域を確保して下さい。

(2) 電源プラグ③の抜き差しは、必ず電源コード④の電源プラグ部分を持っておこなって下さい。

(3) ぬれた手で電気部品には絶対に触れないで下さい。また、アースも必ずとって下さい。

(4) 機器の消費電力に間に合う電気容量を準備して下さい。

(5) 正しいポジショニングで走行して下さい。

(6) 管理者を定め適切な指導のもとで使用し、本来の目的以外に使用しないで下さい。

◯ 誤った使い方の一例

(1) 器具を2人以上で使用することは、器具の破損や転倒など思いがけない事故が発生しとても危険です。

◯ 安全点検の時期と内容

点検箇所	点検内容	定期点検時期	標準耐用年数
フレーム	破損、変形、さび等がないかを確認する	6ヵ月	5年
走行ベルト	破損、摩耗、き裂、破れ、変形等がないかを確認する	3ヵ月	1年
カバー	破損、はがれ、変形等がないかを確認する	3ヵ月	2年
電源コード	破損、変形、き裂等がないかを確認する	3ヵ月	1年
回転部	摩耗、変形、異常音等がないかを確認する	3ヵ月	2年
接合部	ボルト・ナット類の緩み、破損、変形等がないかを確認する	3ヵ月	2年
電気部品	異状な発熱、煙、異常音やにおい等がないかを確認する	3ヵ月	1年

※上記の点検内容にもとづいて日常点検をおこなって下さい。

※異状が確認された場合は直ちに使用を中止して、製造業者、または販売代理店にすみやかに連絡をとり、修理または交換等の適切な処置をして下さい。

◯ 維持管理について［専門業者によるメンテナンスを受けて下さい］

(1) 直射日光の当たらない、湿気の少ない場所に保管（設置）して下さい。

(2) 汗などの汚れは、柔らかい布等で拭きとって下さい。

(3) 塗装部にはがれがあれば早期に補修塗装して下さい。

トレッドミル

番号	名　称
①	前手すり
②	横手すり
③	はずみ車
④	走行ベルト
⑤	ローラー
⑥	ベルト調整ねじ

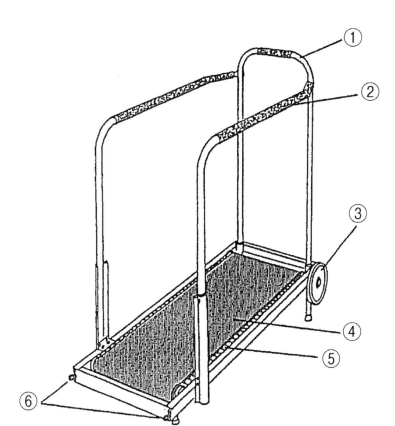

ウォーキングマシン

○ 正しい使い方

(1) 平たんかつ安定した床面に設置して下さい。

(2) トレーニングシューズ等を着用し、使用して下さい。

(3) 手すり①または②を握り、背筋を伸ばして使用して下さい。

(4) 走行ベルト④張り具合、片寄りの調整は、ベルト調整ねじ⑥で適時おこなって下さい。

(5) 正しいポジショニングで走行して下さい。

(6) 管理者を定め適切な指導のもとで使用し、本来の目的以外に使用しないで下さい。

○ 誤った使い方の一例

(1) 器具を2人以上で使用することは、器具の破損や転倒など思いがけない事故が発生しとても危険です。

○ 安全点検の時期と内容

点検箇所	点検内容	定期点検時期	標準耐用年数
手すり	破損、摩耗、ささくれ等がないかを確認する	3ヵ月	3年
はずみ車	ボルト・ナット類の緩み、摩耗、変形、異常音がないかを確認する	3ヵ月	3年
ローラー	摩耗、変形、き裂等がないかを確認する	6ヵ月	1年
走行ベルト接合部	摩耗、き裂、変形等がないかを確認する	6ヵ月	1年
接合部	ボルト・ナット類の緩み、破損、変形等がないかを確認する	6ヵ月	1年

※上記の点検内容にもとづいて日常点検をおこなって下さい。

※異状が確認された場合は直ちに使用を中止して、製造業者、または販売代理店にすみやかに連絡をとり、修理または交換等の適切な処置をして下さい。

○ 維持管理について [専門業者によるメンテナンスを受けて下さい]

(1) 直射日光の当たらない、湿気の少ない場所に保管(設置)して下さい。

(2) 汗などの汚れは、柔らかい布等で拭きとって下さい。汚れがひどいときは中性洗剤を含んだ布で拭いて下さい。

(3) 塗装部にはがれがあれば早期に補修塗装して下さい。

自転車エルゴメーター

番号	名　称
①	ハンドル
②	サドル
③	シートポスト
④	ペダル

○ 正しい使い方

(1) 平たんかつ安定した床面に設置し、十分な領域を確保して下さい。

(2) サドル②に座り、高さをシートポスト③で調整します。

(3) ハンドル①のがたつきが無いか調整して使用して下さい。

(4) 正しいポジショニングでトレーニングして下さい。

(5) 管理者を定め適切な指導のもとで使用し、本来の目的以外に使用しないで下さい。

○ 誤った使い方の一例

(1) 競技のように極度に思い切りこぐことは、器具の破損やペダルの踏み外しなど思いがけない事故が発生することがあり危険です。

○ 安全点検の時期と内容

点検箇所	点検内容	定期点検時期	標準耐用年数
ペダル	回転がスムーズに動くか、異常音がしないか、負荷が一定にかかっているか等を確認する	3ヵ月	3年
ハンドル	確実に固定しているかを確認する	3ヵ月	3年
表示窓（数値）	正しく表示されているかを確認する	6ヵ月	3年

※上記の点検内容にもとづいて日常点検をおこなって下さい。

※異状が確認された場合は直ちに使用を中止して、製造業者、または販売代理店にすみやかに連絡をとり、修理または交換等の適切な処置をして下さい。

○ 維持管理について［専門業者によるメンテナンスを受けて下さい］

(1) 直射日光の当たらない、湿気の少ない場所に保管（設置）して下さい。

(2) 汗などの汚れは、柔らかい布等で拭きとって下さい。

(3) 塗装部にはがれがあれば早期に補修塗装して下さい。

番号	名　称
①	ハンドル
②	ペダル
③	チェーン
④	カバー
⑤	操作パネル

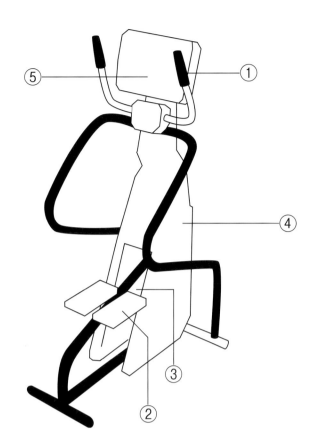

○ 正しい使い方

(1) 平たんかつ安定した床面に設置し、十分な領域を確保して下さい。

(2) 左右のペダル②に乗り、ハンドル①を両手で持ってトレーニングして下さい。

(3) 片足ずつ交互に上げて、ペダルが床に当たらないようにして下さい。

(4) 降りるときはペダル②をはね上げないように片足ずつ静かに降りて下さい。

(5) 正しいポジショニングと専用の付属品でトレーニングして下さい。

(6) 器具の目的に合った使用をして下さい。

(7) 管理者を定め適切な指導のもとで使用し、本来の目的以外に使用しないで下さい。

○ 安全点検の時期と内容

点検箇所	点検内容	定期点検時期	標準耐用年数
フレーム	破損、変形、さび等がないかを確認する	6ヵ月	5年
チェーン	破損、さび、伸び等がないかを確認する	3ヵ月	1年
カバー	破損、はがれ、変形等がないかを確認する	3ヵ月	2年
回転部	摩耗、変形、異常音等がないかを確認する	3ヵ月	2年
接合部	ボルト・ナット類の緩み、破損、変形等がないかを確認する	3ヵ月	2年
電気部品	異常な発熱、煙、異常音やにおい等がないかを確認する	3ヵ月	2年

※上記の点検内容にもとづいて日常点検をおこなって下さい。

※異状が確認された場合は直ちに使用を中止して、製造業者、または販売代理店にすみやかに連絡をとり、修理または交換等の適切な処置をして下さい。

○ 維持管理について［専門業者によるメンテナンスを受けて下さい］

(1) 直射日光の当たらない、湿気の少ない場所に保管(設置)して下さい。

(2) 汗などの汚れは、柔らかい布等で拭きとって下さい。

(3) 塗装部にはがれがあれば早期に補修塗装して下さい。

ステップマシン

点検の難易度／★★★★★
誤使用の危険度／★★★☆☆

エリプティカルマシン

番号	名　称
①	ハンドル
②	ステップ
③	カバー
④	操作パネル

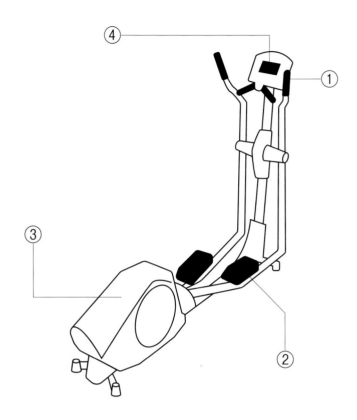

◯ 正しい使い方

(1)平たんかつ安定した床面に設置し、十分な領域を確保して下さい。

(2)左右のステップ②に乗り、ハンドル①を両手で持ってトレーニングして下さい。

(3)ステップ②への乗り降りは静かにおこなって下さい。

(4)正しいポジショニングと専用の付属品でトレーニングして下さい。

(5)器具の目的に合った使用をして下さい。

(6)管理者を定め適切な指導のもとで使用し、本来の目的以外に使用しないで下さい。

◯ 安全点検の時期と内容

点検箇所	点検内容	定期点検時期	標準耐用年数
フレーム	破損、変形、さび等がないかを確認する	6ヵ月	5年
ステップ	スムーズに動くかを確認する	3ヵ月	2年
カバー	破損、はがれ、変形等がないかを確認する	3ヵ月	2年
回転部	摩耗、変形、異常音等がないかを確認する	3ヵ月	2年
接合部	ボルト・ナット類の緩み、破損、変形等がないかを確認する	3ヵ月	2年
電気部品	異状な発熱、煙、異常音やにおい等がないかを確認する	3ヵ月	2年

※上記の点検内容にもとづいて日常点検をおこなって下さい。

※異状が確認された場合は直ちに使用を中止して、製造業者、または販売代理店にすみやかに連絡をとり、修理または交換等の適切な処置をして下さい。

◯ 維持管理について [専門業者によるメンテナンスを受けて下さい]

(1)直射日光の当たらない、湿気の少ない場所に保管(設置)して下さい。

(2)汗などの汚れは、柔らかい布等で拭きとって下さい。

(3)塗装部にはがれがあれば早期に補修塗装して下さい。

番号	名　称
①	ハンドル
②	レール
③	シート
④	フットレスト
⑤	電源プラグ
⑥	電源コード

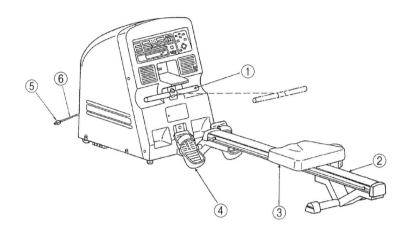

ローイングエルゴメーター

○ 正しい使い方

(1)平たんかつ安定した床面に設置し、十分な領域を確保して下さい。

(2)電源プラグ⑤の抜き差しは、必ず電源コード⑥の電源プラグ部分を持っておこなって下さい。

(3)ぬれた手で電気部品には絶対に触れないで下さい。また、アースも必ずとって下さい。

(4)機器の消費電力に間に合う電気容量を準備して下さい。

(5)自分に合った負荷にセットして下さい。

(6)シート③に座り、足をフットレスト④に置きます。

(7)ハンドル①を握り、足を伸展させ引っ張って下さい。

(8)正しいポジショニングと専用の付属品でトレーニングして下さい。

(9)器具の目的に合った使用をして下さい。

(10)管理者を定め適切な指導のもとで使用し、本来の目的以外に使用しないで下さい。

○ 安全点検の時期と内容

点検箇所	点検内容	定期点検時期	標準耐用年数
シート	レール上をスムーズに動くかを確認する	3ヵ月	3年
ハンドル	ロープに摩耗、ささくれ等がないかを確認する	3ヵ月	3年
表示窓(数値)	正しく表示されているかを確認する	6ヵ月	3年
レール	曲がり、破損、変形等がないかを確認する	6ヵ月	3年
接合部	ボルト・ナット類の緩み、破損、変形等がないかを確認する	3ヵ月	2年

※上記の点検内容にもとづいて日常点検をおこなって下さい。

※異状が確認された場合は直ちに使用を中止して、製造業者、または販売代理店にすみやかに連絡をとり、修理または交換等の適切な処置をして下さい。

○ 維持管理について [専門業者によるメンテナンスを受けて下さい]

(1)直射日光の当たらない、湿気の少ない場所に保管(設置)して下さい。

(2)汗などの汚れは、柔らかい布等で拭きとって下さい。

(3)塗装部にはがれがあれば早期に補修塗装して下さい。

点検の難易度／★★★☆☆
誤使用の危険度／★★★☆☆

ベルトバイブレーター

番号	名　称
①	操作パネル
②	ベルト
③	フレーム
④	電源プラグ
⑤	電源コード
⑥	土台

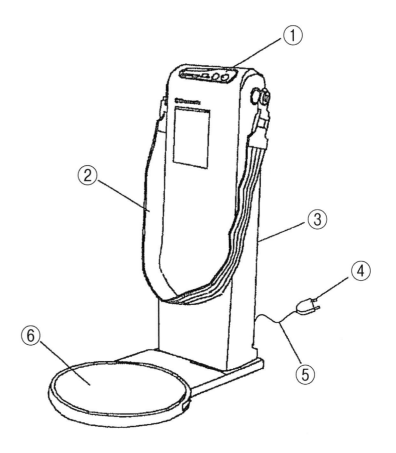

○ 正しい使い方

(1) 平たんかつ安定した床面に設置し、十分な領域を確保して下さい。

(2) 電源プラグ④の抜き差しは、必ず電源コード⑤の電源プラグ部分を持っておこなって下さい。

(3) ぬれた手で電気部品には絶対に触れないで下さい。また、アースも必ずとって下さい。

(4) 機器の消費電力に間に合う電気容量を準備して下さい。

(5) 無理な負荷をかけないようにし、ベルト②は適度に張った状態で使用して下さい。

(6) 正しいポジショニングと専用の付属品でトレーニングして下さい。

(7) 器具の目的に合った使用をして下さい。

(8) 管理者を定め適切な指導のもとで使用し、本来の目的以外に使用しないで下さい。

○ 誤った使い方の一例

(1) ベルトを逆巻に使用するなど、誤ったポジションで使用することは、思いがけない事故が発生することがあり危険です。

○ 安全点検の時期と内容

点検箇所	点検内容	定期点検時期	標準耐用年数
フレーム、土台	破損、変形、さび等がないかを確認する	6ヵ月	5年
ベルト	破損、破れ、変形等がないかを確認する	3ヵ月	2年
電源コード	破損、変形、き裂等がないかを確認する	3ヵ月	1年
回転部	摩耗、変形、異常音等がないかを確認する	3ヵ月	2年
接合部	ボルト・ナット類の緩み、破損、変形等がないかを確認する	3ヵ月	2年
電気部品	異状な発熱、煙、異常音やにおい等がないかを確認する	3ヵ月	2年

※上記の点検内容にもとづいて日常点検をおこなって下さい。

※異状が確認された場合は直ちに使用を中止して、製造業者、または販売代理店にすみやかに連絡をとり、修理または交換等の適切な処置をして下さい。

○ 維持管理について ［ 専門業者によるメンテナンスを受けて下さい ］

(1) 直射日光の当たらない、湿気の少ない場所に保管（設置）して下さい。

(2) 汗などの汚れは、柔らかい布等で拭きとって下さい。

(3) 塗装部にはがれがあれば早期に補修塗装して下さい。

番号	名　称
①	ローラー（くり棒）
②	ローラーカバー
③	滑り止め具
④	電源プラグ
⑤	電源コード

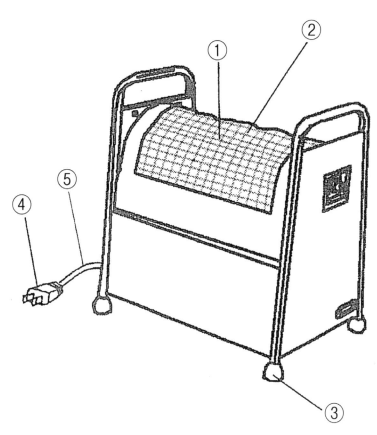

バレルローラー

○ 正しい使い方

(1) 平たんかつ安定した床面に設置し、十分な領域を確保して下さい。

(2) 頭髪や衣服がローラー①に巻き込まれないように注意して使用して下さい。

(3) 腹部へのマッサージはしないで下さい。

(4) 電源プラグ④の抜き差しは、必ず電源コード⑤の電源プラグ部分を持っておこなって下さい。

(5) ぬれた手で電気部品には絶対に触れないで下さい。また、アースも必ずとって下さい。

(6) 機器の消費電力に間に合う電気容量を準備して下さい。

(7) 正しいポジショニングと専用の付属品でトレーニングして下さい。

(8) 器具の目的に合った使用をして下さい。

(9) 管理者を定め適切な指導のもとで使用し、本来の目的以外に使用しないで下さい。

○ 安全点検の時期と内容

点検箇所	点検内容	定期点検時期	標準耐用年数
ローラー（くり棒）	ささくれ、き裂等がないかを確認する	3ヵ月	3年
ローラーカバー	破れ、摩耗、ささくれ等がないかを確認する	3ヵ月	2年
Ｖベルト	ゆるみ、き裂等がないかを確認する	3ヵ月	2年
電源コード	破損、変形、き裂等がないかを確認する	3ヵ月	1年
電気部品	異状な発熱、煙、異常音やにおい等がないかを確認する	3ヵ月	2年

※上記の点検内容にもとづいて日常点検をおこなって下さい。

※異状が確認された場合は直ちに使用を中止して、製造業者、または販売代理店にすみやかに連絡をとり、修理または交換等の適切な処置をして下さい。

○ 維持管理について［ 専門業者によるメンテナンスを受けて下さい ］

(1) 直射日光の当たらない、湿気の少ない場所に保管（設置）して下さい。

(2) 汗などの汚れは、柔らかい布等で拭きとって下さい。

(3) 塗装部にはがれがあれば早期に補修塗装して下さい。

ツイストマシン

トレーニング器具

点検の難易度／★★☆☆☆
誤使用の危険度／★★☆☆☆

番号	名　称
①	シートパッド
②	フレーム
③	回転盤
④	保護端具
⑤	足掛け

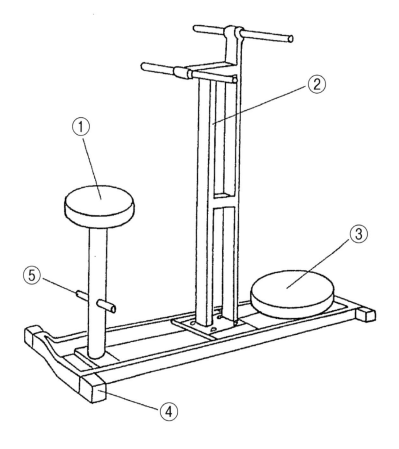

○ 正しい使い方

(1) 平たんかつ安定した床面に設置し、十分な領域を確保して下さい。

(2) 回転盤③の上に立ち、ハンドルを握り左右に体を捻って下さい、また椅子に座り足掛けに足を置き、ハンドルを握り座したまま左右に体を捻って下さい。

(3) 体を捻るとき、息を吐き、体を戻すとき息を吸って下さい。

(4) 正しいポジショニングと専用の付属品でトレーニングして下さい。

(5) 器具の目的に合った使用をして下さい。

(6) 管理者を定め適切な指導のもとで使用し、本来の目的以外に使用しないで下さい。

○ 安全点検の時期と内容

点検箇所	点検内容	定期点検時期	標準耐用年数
シートパッド	破れ、緩み、へたり等がないかを確認する	3ヵ月	2年
フレーム	破損、変形、さび等がないかを確認する	6ヵ月	3年
基台	破れ、緩み、へたり等がないかを確認する	3ヵ月	2年
接合部	ボルト・ナット類の緩み、脱落等がないかを確認する	3ヵ月	5年
保護端具	破損、変形、摩耗等がないかを確認する	3ヵ月	1年

※上記の点検内容にもとづいて日常点検をおこなって下さい。

※異状が確認された場合は直ちに使用を中止して、製造業者、または販売代理店にすみやかに連絡をとり、修理または交換等の適切な処置をして下さい。

○ 維持管理について［専門業者によるメンテナンスを受けて下さい］

(1) 直射日光の当たらない、湿気の少ない場所に保管(設置)して下さい。

(2) 汗などの汚れは、柔らかい布等で拭きとって下さい。

(3) 塗装部にはがれがあれば早期に補修塗装して下さい。

TRACK & FIELD

陸上器具

点検の難易度／★★☆☆☆
誤使用の危険度／★★★★☆

棒高跳用マット 競技用

番号	名　称
①	上面マット
②	本体マット外被
③	本体マット芯材
④	ベルト
⑤	接続具
⑥	取っ手
⑦	本体マット中央部

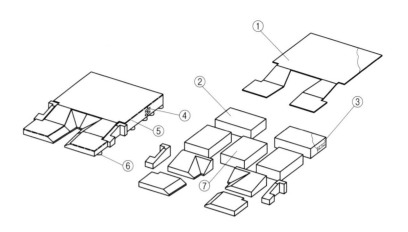

◯ 正しい使い方

(1)平たんで金属片、木片、ガラス片等のない地面に設置して下さい。

(2)本体マットを隙間のないように正しく組み合わせ、ベルト④にて確実に固定して下さい。

(3)上面マット①は、本体マットと接続具⑤にて固定して下さい。

(4)ポールボックスを中心に正しく設置し、ポールの曲りに支障のないようにセットして下さい。

(5)管理者を定め適切な指導のもとで使用し、本来の目的以外に使用しないで下さい。

◯ 安全点検の時期と内容

点検箇所	点検内容	定期点検時期	標準耐用年数
上面マット	破れ、ほつれ等ないかを確認する	3ヵ月	2年
外皮	破れ、ほつれ等ないかを確認する	3ヵ月	2年
接続具	フックの破損、変形等がないかを確認する	3ヵ月	1年
ベルト	破れ、すり切れ、ほつれ等ないかを確認する	3ヵ月	1年
芯材	芯のずれ、破損、へたり等の内部構造の異状がないかを確認する	3ヵ月	2年
本体マット中央部	芯のずれ、破損、へたり等の内部構造の異状がないかを確認する	3ヵ月	1年

※上記の点検内容にもとづいて日常点検をおこなって下さい。

※異状が確認された場合は直ちに使用を中止して、製造業者、または販売代理店にすみやかに連絡をとり、修理または交換等の適切な処置をして下さい。

◯ 維持管理について［専門業者によるメンテナンスを受けて下さい］

(1)使用後は、雨のかからない風通しの良い場所に平たんに積み上げ保管して下さい。この際、本体マット中央部を最上段に積み上げて下さい。

(2)木片、金属片、ガラス片等が混入しないようにして下さい。

(3)長期間やむをえず屋外へ保管する場合は、すのこ等の上に載せ防水カバーをかけ水分を吸収しないようにして下さい。

(4)マットには角のとがったもの及び、重量物を載せないで下さい。

番号	名　称
①	上面マット
②	本体マット外被
③	本体マット芯材
④	ベルト
⑤	接続具
⑥	取っ手
⑦	本体マット中央部

○ 正しい使い方

(1)平たんで金属片、木片、ガラス片等のない地面に設置して下さい。

(2)本体マットを隙間のないように正しく組み合わせ、ベルト④にて確実に固定して下さい。

(3)上面マット①は、本体マットと接続具⑤にて固定して下さい。

(4)ポールボックスを中心に正しく設置し、ポールの曲りに支障のないようにセットして下さい。

(5)管理者を定め適切な指導のもとで使用し、本来の目的以外に使用しないで下さい。

○ 安全点検の時期と内容

点検箇所	点検内容	定期点検時期	標準耐用年数
上面マット	破れ、ほつれ等ないかを確認する	3ヵ月	2年
外皮	破れ、ほつれ等ないかを確認する	3ヵ月	2年
接続具	フックの破損、変形等がないかを確認する	3ヵ月	1年
ベルト	破れ、すり切れ、ほつれ等ないかを確認する	3ヵ月	1年
芯材	芯のずれ、破損、へたり等の内部構造の異状がないかを確認する	3ヵ月	2年
本体マット中央部	芯のずれ、破損、へたり等の内部構造の異状がないかを確認する	3ヵ月	1年

※上記の点検内容にもとづいて日常点検をおこなって下さい。

※異状が確認された場合は直ちに使用を中止して、製造業者、または販売代理店にすみやかに連絡をとり、修理または交換等の適切な処置をして下さい。

○ 維持管理について ［専門業者によるメンテナンスを受けて下さい］

(1)使用後は、雨のかからない風通しの良い場所に平たんに積み上げ保管して下さい。この際、本体マット中央部を最上段に積み上げて下さい。

(2)木片、金属片、ガラス片等が混入しないようにして下さい。

(3)長期間やむをえず屋外へ保管する場合は、すのこ等の上に載せ防水カバーをかけ水分を吸収しないようにして下さい。

(4)マットには角のとがったもの及び、重量物を載せないで下さい。

棒高跳用マット 教育用

棒高跳用支柱 スライド式

番号	名　称
①	バー受け
②	支柱（可動部）
③	支柱（固定部）
④	支柱ブレーキ
⑤	ベース（可動部）
⑥	ベース（固定部）
⑦	ベースブレーキ

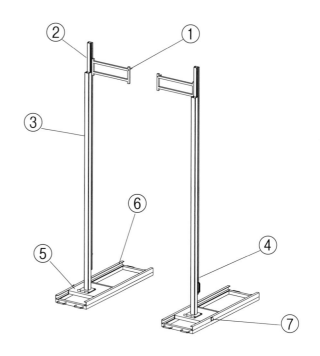

○ 正しい使い方

(1) あらかじめ決められた専用の場所に設置して下さい。

(2) 支柱（可動部）②（固定部）③を立てる際は、ベースブレーキ⑦をしっかりと締め、ベース（可動部）⑤と支柱（固定部）②の根元をピンでつないだ状態から、十分に保持できる人数でゆっくりと立ち上げて下さい。立ち上げた後は支柱（可動部）②（固定部）③が倒れないようしっかりと保持した状態で、速やかにベース（可動部）⑤のボルトを締めて下さい。
　　※支柱組立作業は大変危険です。十分な人数で安全を確認しながらおこなって下さい。

(3) 必ず跳躍用マットと併せて使用して下さい。

(4) バーがマットに落ちるように支柱を設置して下さい。

(5) バーの両端が同じ高さになるようにし、支柱ブレーキ④をしっかり止めて下さい。

(6) 跳躍の際には、ベース（可動部）⑤を 0 ～ 80cm の範囲で競技者の希望する位置に移動させ、ベースブレーキ⑦をしっかりと固定して下さい。

(7) 競技の際は、必ず専用の支柱パッドと併せて使用して下さい。

(8) 管理者を定め適切な指導のもとで使用し、本来の目的以外に使用しないで下さい。

○ 安全点検の時期と内容

点検箇所	点検内容	定期点検時期	標準耐用年数
支柱（可動部）	破損、変形、そり、がたつき等がないかを確認する	6ヵ月	4年
支柱（固定部）	破損、変形、そり、がたつき等がないかを確認する	6ヵ月	4年
ベース（可動部）	破損、変形、さび及び支柱取り付け部のボルトの緩み等がないかを確認する	6ヵ月	2年
ベース（固定部）	破損、変形、がたつき等がないかを確認する	3ヵ月	5年
ブレーキ（支柱・ベース）	破損、欠落、緩み等がないかを確認する	3ヵ月	2年
バー受け	破損、変形、緩み等がないかを確認する	3ヵ月	2年

※上記の点検内容にもとづいて日常点検をおこなって下さい。
※異状が確認された場合は直ちに使用を中止して、製造業者、または販売代理店にすみやかに連絡をとり、修理または交換等の適切な処置をして下さい。

○ 維持管理について［専門業者によるメンテナンスを受けて下さい］

(1) 直射日光の当たらない、風通しの良い場所に保管して下さい。

(2) 保管の際は、支柱を最も低くした状態で専用台車等に倒して保管して下さい。

(3) 塗装部にはがれがあれば早期に補修塗装をして下さい。

番号	名　称
①	バー受け
②	支柱
③	支柱ブレーキ
④	高さ調節ハンドル
⑤	ベース（可動部）
⑥	ベース（固定部）
⑦	ベースブレーキ

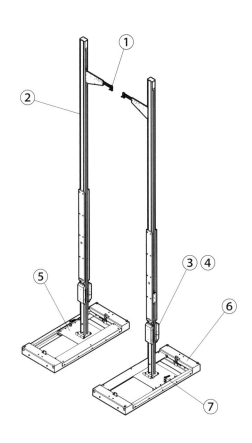

棒高跳用支柱 単柱式

◯ 正しい使い方

(1) あらかじめ決められた専用の場所に設置して下さい。

(2) 支柱②を立てる際は、ベースブレーキ⑦をしっかりと締め、ベース（可動部）⑤と支柱②をボルトでつないだ状態から、十分に保持できる人数でゆっくりと立ち上げて下さい。立ち上げた後は支柱②が倒れないようしっかりと保持した状態で、速やかに支柱②とベース（可動部）⑤をボルトとナットにて締めて下さい。
　　※支柱組立作業は大変危険です。十分な人数で安全を確認しながらおこなって下さい。

(3) 必ず跳躍用マットと併せて使用して下さい。

(4) バーがマットに落ちるように支柱を設置して下さい。

(5) バーの両端が同じ高さになるようにし、支柱ブレーキ④をしっかり止めて下さい。

(6) 跳躍の際には、ベース（可動部）⑤を 0～80cmの範囲で競技者の希望する位置に移動させ、ベースブレーキ⑦をしっかりと固定して下さい。

(7) 管理者を定め適切な指導のもとで使用し、本来の目的以外に使用しないで下さい。

◯ 安全点検の時期と内容

点検箇所	点検内容	定期点検時期	標準耐用年数
支柱	破損、変形、そり、がたつき等がないかを確認する	6ヵ月	4年
ベース（可動部）	破損、変形、さび及び支柱取り付け部のボルトの緩み等がないかを確認する	6ヵ月	2年
ベース（固定部）	破損、変形、がたつき等がないかを確認する	3ヵ月	5年
ブレーキ（支柱・ベース）	破損、欠落、緩み等がないかを確認する	3ヵ月	2年
バー受け	破損、変形、緩み等がないかを確認する	3ヵ月	2年

※上記の点検内容にもとづいて日常点検をおこなって下さい。
※異状が確認された場合は直ちに使用を中止して、製造業者、または販売代理店にすみやかに連絡をとり、修理または交換等の適切な処置をして下さい。

◯ 維持管理について［専門業者によるメンテナンスを受けて下さい］

(1) 直射日光の当たらない、風通しの良い場所に保管して下さい。

(2) 保管の際は、支柱を最も低くした状態で専用台車等に倒して保管して下さい。

(3) 塗装部にはがれがあれば早期に補修塗装をして下さい。

番号	名　称
①	上面マット
②	本体マット外皮
③	本体マット芯材
④	ベルト
⑤	接続具
⑥	取っ手

走高跳用マット 競技用

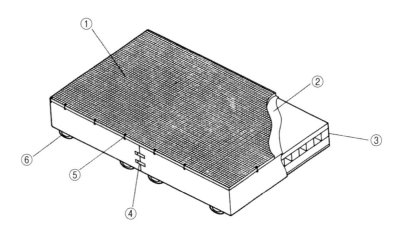

◯ 正しい使い方

(1)平たんで金属片、木片、ガラス片等のない地面に設置して下さい。

(2)本体マットを隙間のないように正しく組み合わせ、ベルト④にて確実に固定して下さい。

(3)上面マット①は、本体マットと接続具⑤にて固定して下さい。

(4)管理者を定め適切な指導のもとで使用し、本来の目的以外に使用しないで下さい。

◯ 安全点検の時期と内容

点検箇所	点検内容	定期点検時期	標準耐用年数
上面マット	破れ、ほつれ等がないかを確認する	3ヵ月	2年
外皮	破れ、ほつれ等がないかを確認する	3ヵ月	2年
接続具	フックの破損、変形等がないかを確認する	3ヵ月	1年
ベルト	破れ、すり切れ、ほつれ等がないかを確認する	3ヵ月	1年
芯材	芯のずれ、破損、へたり等の内部構造に異状がないかを確認する	3ヵ月	2年

※上記の点検内容にもとづいて日常点検をおこなって下さい。

※異状が確認された場合は直ちに使用を中止して、製造業者、または販売代理店にすみやかに連絡をとり、修理または交換等の適切な処置をして下さい。

◯ 維持管理について [専門業者によるメンテナンスを受けて下さい]

(1)使用後は、雨のかからない風通しの良い場所に平面に積み上げ保管して下さい。

(2)木片、金属片、ガラス片等が混入しないようにして下さい。

(3)長期間やむをえず屋外へ保管する場合は、すのこ等の上に載せ防水カバーをかけ水分を吸収しないようにして下さい。

(4)平面に置き、積み上げはなるべく少なくして下さい。

(5)マット上には角のとがったもの及び、重量物を載せないで下さい。

番号	名　称
①	上面ネット
②	芯材
③	外皮
④	ベルト
⑤	取っ手

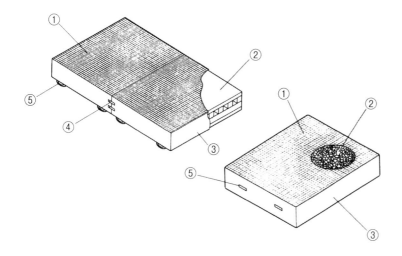

○ 正しい使い方

(1)平たんで金属片、木片、ガラス片等のない地面に設置して下さい。

(2)マットを隙間のないように正しく組み合わせ、ベルト④にて確実に固定して下さい。

(3)運搬する場合には、マットの重量を十分に保持できる人数でおこなって下さい。

(4)使用の際は長い方の面を正面に合わせて設置して下さい。

(5)管理者を定め適切な指導のもとで使用し、本来の目的以外に使用しないで下さい。

○ 安全点検の時期と内容

点検箇所	点検内容	定期点検時期	標準耐用年数
上面ネット	破れ、ほつれ等がないかを確認する	3ヵ月	1年
外皮	破れ、ほつれ等がないかを確認する	3ヵ月	2年
芯材	芯のずれ、破損、へたり等の内部構造に異状がないかを確認する	3ヵ月	2年
ベルト	破れ、すり切れ、ほつれ等がないかを確認する	3ヵ月	1年

※上記の点検内容にもとづいて日常点検をおこなって下さい。

※異状が確認された場合は直ちに使用を中止して、製造業者、または販売代理店にすみやかに連絡をとり、修理または交換等の適切な処置をして下さい。

○ 維持管理について [専門業者によるメンテナンスを受けて下さい]

(1)使用後は、雨のかからない風通しの良い場所に平面に積み上げ保管して下さい。

(2)木片、金属片、ガラス片等が混入しないようにして下さい。

(3)長期間やむをえず屋外へ保管する場合は、すのこ等の上に載せ防水カバーをかけ水分を吸収しないようにして下さい。

(4)平面に積み上げて下さい。

(5)マット上には角のとがったもの及び、重量物を載せないで下さい。

走高跳用マット 練習用・教育用

走高跳用支柱 スライド式

番号	名　称
①	支柱（可動部）
②	支柱（固定部）
③	高さ調節金具
④	土台
⑤	バー受け

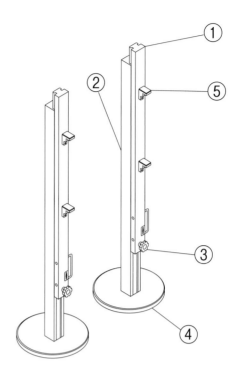

○ 正しい使い方

(1) 転倒防止のため、平たんな地面の上に設置して下さい。

(2) 必ず跳躍用マットと併せて使用して下さい。

(3) バーがマットと平行になるように土台④を設置して下さい。

(4) バーが左右の支柱①の間ではさまないように載せて下さい。

(5) バーの両端が同じ高さになるようにし、バー受け⑤は正しい方向にセットし高さ調節金具③をしっかり止めて下さい。

(6) 管理者を定め適切な指導のもとで使用し、本来の目的以外に使用しないで下さい。

○ 安全点検の時期と内容

点検箇所	点検内容	定期点検時期	標準耐用年数
支柱（可動部）	破損、変形等がないかを確認する	6ヵ月	5年
支柱（固定部）	破損、変形等がないかを確認する	6ヵ月	5年
土台	破損、変形、さび及び支柱取り付け部のボルトの緩み等がないかを確認する	6ヵ月	4年
高さ調節金具	破損、変形、がたつき等がないかを確認する	6ヵ月	4年
バー受け	破損、変形、緩み等がないかを確認する	3ヵ月	2年

※上記の点検内容にもとづいて日常点検をおこなって下さい。

※異状が確認された場合は直ちに使用を中止して、製造業者、または販売代理店にすみやかに連絡をとり、修理または交換等の適切な処置をして下さい。

○ 維持管理について［専門業者によるメンテナンスを受けて下さい］

(1) 直射日光の当たらない、風通しの良い場所に保管して下さい。

(2) 保管の際は、支柱を最も低くした状態で立てて保管して下さい。

(3) 塗装部にはがれがあれば早期に補修塗装をして下さい。

走高跳用支柱 単柱式

番号	名　称
①	支柱
②	高さ調節ハンドル
③	ブレーキ
④	土台
⑤	バー受け
⑥	キャスター

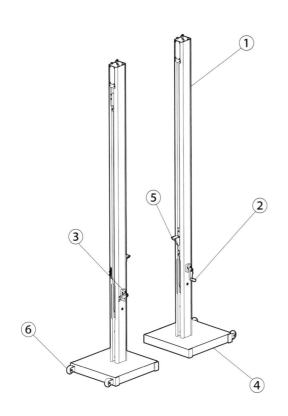

◯ 正しい使い方

(1) 転倒防止のため、平たんな地面の上に設置して下さい。

(2) 必ず跳躍用マットと併せて使用して下さい。

(3) バーがマットと平行になるように土台④を設置して下さい。

(4) バーが左右の支柱①の間ではさまないように載せて下さい。

(5) バーの両端が同じ高さになるようにし、バー受け⑤は正しい方向にセットし高さ調節ハンドル②を回転させ、ブレーキ③をしっかり止めて下さい。

(6) 土台④のキャスター⑥側を手前にし、支柱①を手前に倒すことにより移動させることができます。

(7) 管理者を定め適切な指導のもとで使用し、本来の目的以外に使用しないで下さい。

◯ 安全点検の時期と内容

点検箇所	点検内容	定期点検時期	標準耐用年数
支柱	破損、変形、そり等がないかを確認する	6ヵ月	5年
土台	破損、変形、さび及び支柱取り付け部のボルトの緩み等がないかを確認する	6ヵ月	4年
高さ調節金具	破損、変形、がたつき等がないかを確認する	6ヵ月	4年
バー受け	破損、変形、緩み等がないかを確認する	3ヵ月	2年
キャスター	タイヤの摩耗、ひび割れ、軸のずれ等がないかを確認する	3ヵ月	2年

※上記の点検内容にもとづいて日常点検をおこなって下さい。

※異状が確認された場合は直ちに使用を中止して、製造業者、または販売代理店にすみやかに連絡をとり、修理または交換等の適切な処置をして下さい。

◯ 維持管理について [専門業者によるメンテナンスを受けて下さい]

(1) 直射日光の当たらない、風通しの良い場所に保管して下さい。

(2) 保管の際は、支柱を最も低くした状態で立てて保管して下さい。

(3) 塗装部にはがれがあれば早期に補修塗装をして下さい。

点検の難易度／★★☆☆☆
誤使用の危険度／★★☆☆☆

番号	名　称
①	ブロック
②	接続具
③	スパイクピン
④	木づち
⑤	アンカー
⑥	角度調節金具
⑦	レール
⑧	上面ブロックゴム

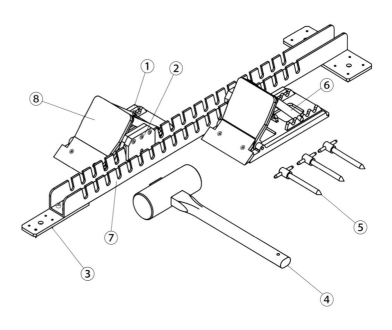

○ 正しい使い方

(1) 使用時は、レール⑦の前後にアンカー⑤を木づち④で打ち込み確実に固定して下さい。

(2) スタンスに合わせブロック①を任意にレール⑦にセットし、角度を調節して下さい。

(3) ブロック①の底面が地面に平行に設置しているかを確認して下さい。

(4) スパイクピン③及び、アンカー⑤の先端部分は大変危険ですので、特に注意して扱って下さい。

(5) 管理者を定め適切な指導のもとで使用し、本来の目的以外に使用しないで下さい。

○ 安全点検の時期と内容

点検箇所	点検内容	定期点検時期	標準耐用年数
ブロック	変形、破損、がたつき等がないかを確認する	3ヵ月	2年
接続具	がたつき、摩耗等がないかを確認する	3ヵ月	2年
スパイクピン	変形、摩耗、欠落等がないかを確認する	3ヵ月	2年
木づち	ささくれ、割れ、変形等がないかを確認する	3ヵ月	2年
アンカー	変形等がないかを確認する	3ヵ月	2年
角度調節金具	変形、摩耗、欠落等がないかを確認する	3ヵ月	2年
レール	レールの歪みがないかを確認する	6ヵ月	3年
上面ブロックゴム	摩耗、はがれ、破れ等がないかを確認する	3ヵ月	1年

※上記の点検内容にもとづいて日常点検をおこなって下さい。

※異状が確認された場合は直ちに使用を中止して、製造業者、または販売代理店にすみやかに連絡をとり、修理または交換等の適切な処置をして下さい。

○ 維持管理について [専門業者によるメンテナンスを受けて下さい]

(1) 使用後はよごれ等を取り除き、直射日光の当たらない、風通しの良い場所に保管して下さい。

(2) 部品が紛失しないようにラック等にて保管して下さい。

スターティングブロック　全天候型・シンダートラック兼用

番号	名　称
①	ブロック
②	接続具
③	スパイクピン
④	レール
⑤	角度調節金具
⑥	上面ブロックゴム

スターティングブロック 全天候型トラック用

◯ 正しい使い方

(1)スパイクピン③がレール④に確実に固定されているか確認して下さい。

(2)レール④を全天候舗装面に確実にセットして下さい。

(3)スタンスに合わせブロック①を任意にレール④にセットし、角度を調節して下さい。

(4)ブロック①の底面が地面に平行に設置しているかを確認して下さい。

(5)スパイクピン③の先端部分は大変危険ですので、特に注意して扱って下さい。

(6)管理者を定め適切な指導のもとで使用し、本来の目的以外に使用しないで下さい。

◯ 安全点検の時期と内容

点検箇所	点検内容	定期点検時期	標準耐用年数
ブロック	変形、破損、がたつき等がないかを確認する	3ヵ月	2年
接続具	がたつき、摩耗等がないかを確認する	3ヵ月	2年
スパイクピン	変形、摩耗、欠落等がないかを確認する	3ヵ月	2年
角度調節金具	変形、摩耗、欠落等がないかを確認する	3ヵ月	2年
レール	レールの歪みがないかを確認する	6ヵ月	3年
上面ブロックゴム	摩耗、はがれ、破れ等がないかを確認する	3ヵ月	1年

※上記の点検内容にもとづいて日常点検をおこなって下さい。

※異状が確認された場合は直ちに使用を中止して、製造業者、または販売代理店にすみやかに連絡をとり、修理または交換等の適切な処置
をして下さい。

◯ 維持管理について［専門業者によるメンテナンスを受けて下さい］

(1)使用後はよごれ等を取り除き、直射日光の当たらない、風通しの良い場所に保管して下さい。

(2)部品が紛失しないようにラック等にて保管して下さい。

ハードル 高さ・ウェイト別調節式

番号	名　称
①	バー
②	バー受け
③	支柱
④	ベース
⑤	おもり
⑥	クラッチ

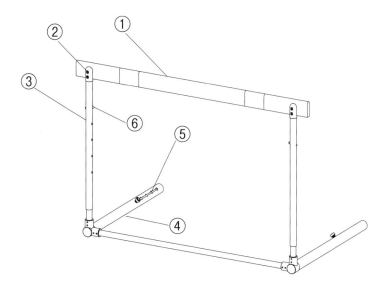

◯ 正しい使い方

(1) バー①の高さは使用者の能力に応じてクラッチ⑥にて調節して下さい。

(2) バー①は左右同じ高さに合わせて使用して下さい。

(3) 使用する高さに合わせて、おもり⑤を調節して下さい。

(4) 使用する際は正しい方向から行い、設置間隔は適切な距離を確保して下さい。

(5) 管理者を定め適切な指導のもとで使用し、本来の目的以外に使用しないで下さい。

◯ 安全点検の時期と内容

点検箇所	点検内容	定期点検時期	標準耐用年数
バー	き裂、変形、破損等がないか確認する	6ヵ月	1年
支柱、ベース	溶接部の変形、破損、き裂等がないかを確認する	3ヵ月	3年
おもり	破損、欠落、変形等がないかを確認する	6ヵ月	3年
バー受け	破損、欠落、緩み等がないかを確認する	6ヵ月	2年
クラッチ	破損、欠落、緩み等がないかを確認する	6ヵ月	2年

※上記の点検内容にもとづいて日常点検をおこなって下さい。

※異状が確認された場合は直ちに使用を中止して、製造業者、または販売代理店にすみやかに連絡をとり、修理または交換等の適切な処置をして下さい。

◯ 維持管理について [専門業者によるメンテナンスを受けて下さい]

(1) 使用後は、ほこり、よごれ等を取り除き直射日光の当たらない、風通しの良い場所に保管して下さい。

(2) 使用後は、屋外放置しないで下さい。

(3) 塗装部にはがれがあれば早期に補修塗装をして下さい。

番号	名　称
①	バー
②	支柱
③	ベース
④	プッシュボタン
⑤	バー受け

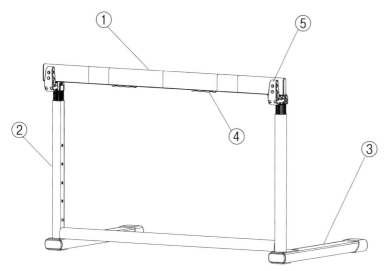

ハードル ワンタッチ調節式

○ 正しい使い方

(1) バー①の高さは使用者の能力に応じてプッシュボタン④にて調節して下さい。

(2) バー①は左右同じ高さに合わせて使用して下さい。

(3) 使用する高さに合わせて、バー①を調節して下さい。

(4) 使用する際は正しい方向から行い、設置間隔は適切な距離を確保して下さい。

(5) 管理者を定め適切な指導のもとで使用し、本来の目的以外に使用しないで下さい。

○ 安全点検の時期と内容

点検箇所	点検内容	定期点検時期	標準耐用年数
バー	き裂、変形、破損等がないか確認する	6ヵ月	1年
支柱、ベース	溶接部の変形、破損、き裂等がないかを確認する	3ヵ月	3年
おもり	破損、欠落、変形等がないかを確認する	6ヵ月	3年
バー受け	破損、欠落、緩み等がないかを確認する	6ヵ月	2年
プッシュボタン	破損、欠落等がないか又正常に調節できるかどうかを確認する	6ヵ月	2年

※上記の点検内容にもとづいて日常点検をおこなって下さい。

※異状が確認された場合は直ちに使用を中止して、製造業者、または販売代理店にすみやかに連絡をとり、修理または交換等の適切な処置をして下さい。

○ 維持管理について [専門業者によるメンテナンスを受けて下さい]

(1) 使用後は、ほこり、よごれ等を取り除き直射日光の当たらない、風通しの良い場所に保管して下さい。

(2) 使用後は、屋外放置しないで下さい。

(3) 塗装部にはがれがあれば早期に補修塗装をして下さい。

ハードル運搬車

番号	名　称
①	持ち手
②	キャスター
③	フレーム
④	収納ガイド

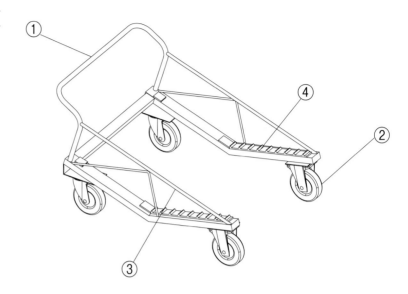

◯ 正しい使い方

(1) 運搬は持ち手①により操作して下さい。

(2) ハードルは、収納ガイド④にあわせて載せて下さい。

(3) ハードルの積み込み、積み下ろしは平たんな場所でおこなって下さい。

(4) 移動しない時には必ずキャスター②のブレーキをかけた状態にして下さい。

(5) 管理者を定め適切な指導のもとで使用し、本来の目的以外に使用しないで下さい。

◯ 安全点検の時期と内容

点検箇所	点検内容	定期点検時期	標準耐用年数
持ち手	破損、さび、溶接部のがたつき等がないかを確認する	6ヵ月	5年
キャスター	タイヤの摩耗、ひび割れ、軸のずれ等がないかを確認する	3ヵ月	2年
フレーム	変形、さび、溶接部のがたつき等がないかを確認する	3ヵ月	2年

※上記の点検内容にもとづいて日常点検をおこなって下さい。

※異状が確認された場合は直ちに使用を中止して、製造業者、または販売代理店にすみやかに連絡をとり、修理または交換等の適切な処置をして下さい。

◯ 維持管理について [専門業者によるメンテナンスを受けて下さい]

(1) 直射日光の当たらない、風通しの良い平たんな場所に保管して下さい。

(2) 塗装部にはがれがあれば早期に補修塗装をして下さい。

番号	名　称
①	持ち手
②	荷　台
③	コーナー保護具
④	キャスター

◯ 正しい使い方

(1)運搬は持ち手①により操作して下さい。

(2)積み込み、積み下ろしは平たんな場所でおこなって下さい。その際、荷台の上に人が乗らないように注意して下さい。

(3)荷物は運搬途中落下しないように安全な状態で搭載して下さい。

(4)移動しない時には必ずキャスター④のブレーキをかけた状態にして下さい。

(5)荷台から突出した状態での運搬はしないで下さい。

(6)管理者を定め適切な指導のもとで使用し、本来の目的以外に使用しないで下さい。

◯ 安全点検の時期と内容

点検箇所	点検内容	定期点検時期	標準耐用年数
持ち手	破損、さび、溶接部のがたつき等がないかを確認する	6ヵ月	5年
荷台	変形、破損等がないか確認する	6ヵ月	5年
キャスター	タイヤの摩耗、ひび割れ、軸のずれ等がないかを確認する	3ヵ月	2年
コーナー保護具	欠落等がないかを確認する	6ヵ月	2年

※上記の点検内容にもとづいて日常点検をおこなって下さい。

※異状が確認された場合は直ちに使用を中止して、製造業者、または販売代理店にすみやかに連絡をとり、修理または交換等の適切な処置をして下さい。

◯ 維持管理について［専門業者によるメンテナンスを受けて下さい］

(1)直射日光の当たらない、風通しの良い平たんな場所に保管して下さい。

(2)塗装部にはがれがあれば早期に補修塗装をして下さい。

点検の難易度／★★☆☆☆
誤使用の危険度／★★☆☆☆

足留材

番号	名　称
①	本体
②	固定用ピン穴
③	固定用ピン

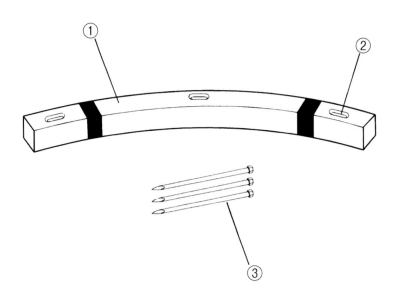

◯ 正しい使い方

(1) あらかじめ決められた専用の場所に設置して下さい。

(2) 本体①の円弧が小さい面をサークル側に向くよう設置して下さい。

(3) 使用する際は本体①を固定用ピン③にて確実に固定して下さい。

(4) 管理者を定め適切な指導のもとで使用し、本来の目的以外に使用しないで下さい。

◯ 安全点検の時期と内容

点検箇所	点検内容	定期点検時期	標準耐用年数
本体	き裂、変形、破損、折れ等がないかを確認する	3ヵ月	2年
固定用ピン	溶接部の変形、破損、き裂等がないかを確認する	3ヵ月	5年

※上記の点検内容にもとづいて日常点検をおこなって下さい。

※異状が確認された場合は直ちに使用を中止して、製造業者、または販売代理店にすみやかに連絡をとり、修理または交換等の適切な処置をして下さい。

◯ 維持管理について［ 専門業者によるメンテナンスを受けて下さい ］

(1) 使用後は、ほこり、よごれ等を取り除き直射日光の当たらない、風通しの良い場所に保管して下さい。

(2) 長期間やむをえず屋外へ保管する場合は、防水シート等をかけ雨水等の水分を吸収しないようにして下さい。

(3) 塗装部にはがれがあれば早期に補修塗装をして下さい。

番号	名　称
①	本体

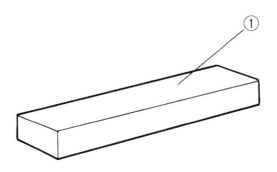

○ 正しい使い方

(1) あらかじめ決められた専用の場所に設置して下さい。

(2) 使用する際は本体①を確実に固定して下さい。

(3) 本体①上面が、グランドレベルと均一になるように設置して下さい。

(4) 管理者を定め適切な指導のもとで使用し、本来の目的以外に使用しないで下さい。

○ 安全点検の時期と内容

点検箇所	点検内容	定期点検時期	標準耐用年数
本体	き裂、変形、破損、折れ等がないかを確認する	3ヵ月	1年

※上記の点検内容にもとづいて日常点検をおこなって下さい。

※異状が確認された場合は直ちに使用を中止して、製造業者、または販売代理店にすみやかに連絡をとり、修理または交換等の適切な処置をして下さい。

○ 維持管理について [専門業者によるメンテナンスを受けて下さい]

(1) 使用後は、ほこり、よごれ等を取り除き直射日光の当たらない、風通しの良い場所に保管して下さい。

(2) 長期間やむをえず屋外へ保管する場合は、防水シート等をかけ雨水等の水分を吸収しないようにして下さい。

クロスバー

番号	名　称
①	本体（グラスファイバー製）
②	取っ手

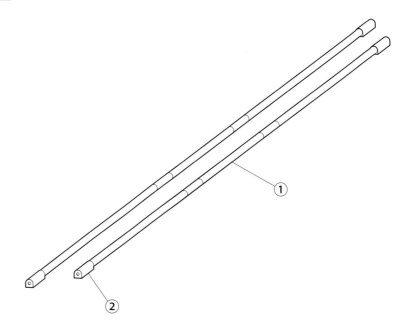

○ 正しい使い方

(1) 必ず専用の支柱を使用して下さい。

(2) 支柱のバー受けに取っ手②をのせて下さい。

(3) バーの両端が同じ高さになるようにして使用して下さい。

(4) 割れたバーは使用しないで下さい。

(5) 管理者を定め適切な指導のもとで使用し、本来の目的以外に使用しないで下さい。

○ 安全点検の時期と内容

点検箇所	点検内容	定期点検時期	標準耐用年数
本体（グラス製）	破損、変形等がないかを確認する	6ヵ月	3年
取っ手	変形、緩み、き裂等がないかを確認する	6ヵ月	3年

※上記の点検内容にもとづいて日常点検をおこなって下さい。

※異状が確認された場合は直ちに使用を中止して、製造業者、または販売代理店にすみやかに連絡をとり、修理または交換等の適切な処置をして下さい。

○ 維持管理について ［ 専門業者によるメンテナンスを受けて下さい ］

(1) 直射日光の当たらない、風通しの良い場所に保管して下さい。

(2) 保管の際は、変形防止のため立て掛けずに水平の状態で置くようにして下さい。

(3) クロスバーの上に重量物を乗せないで下さい。

番号	名　称
①	本体
②	プラグ

棒高跳用ポール

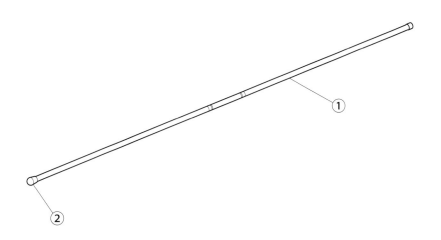

◯ 正しい使い方

(1)跳躍の際は、必ず専用のボックス及びマットとあわせて使用して下さい。

(2)技術レベルに合ったポールを使用し、体重制限内のポールを使用して下さい。

(3)傷が付いたり、大きな衝撃が加わったポールは、使用しないで下さい。

(4)ボックスの中で不自然な曲げを与えないで下さい。

(5)摩耗したプラグは交換して下さい。

(6)管理者を定め適切な指導のもとで使用し、本来の目的以外に使用しないで下さい。

◯ 安全点検の時期と内容

点検箇所	点検内容	定期点検時期	標準耐用年数
本体	破損、変形、き裂等がないかを確認する	1ヵ月	1年
プラグ	変形、緩み、摩耗、へたり等がないかを確認する	1ヵ月	6ヵ月

※上記の点検内容にもとづいて日常点検をおこなって下さい。

※異状が確認された場合は直ちに使用を中止して、製造業者、または販売代理店にすみやかに連絡をとり、修理または交換等の適切な処置をして下さい。

◯ 維持管理について ［ 専門業者によるメンテナンスを受けて下さい ］

(1)直射日光の当たらない、風通しの良い場所に保管して下さい。

(2)保管の際は、変形防止のため立て掛けずに水平の状態で置くようにして下さい。

(3)ポールの上に重量物を乗せないで下さい。

(4)必ずケースに入れて保管して下さい。

やり

点検の難易度／★★★★☆
誤使用の危険度／★★★★★

番号	名　称
①	本体
②	握り
③	穂先

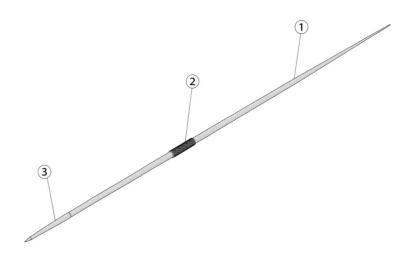

◯ 正しい使い方

(1) 専用の投てき場以外での使用はしないで下さい。
(2) やりを投げる際は炭酸マグネシウム等を使用し、滑らないようにして下さい。
(3) 使用の際は投てき方向の安全確認を十分にして下さい。
(4) やりの先端、後端は尖っており、大変危険です。絶対に人に向けないようにして下さい。やりを持って歩くときは可能な限り、やりを縦にして下さい。
(5) 管理者を定め適切な指導のもとで使用し、本来の目的以外に使用しないで下さい。

◯ 誤った使い方の一例

(1) 専用の投てき場以外の、人がやりに当たってしまうような場所で使用をすると、思いがけない事故が発生し大変危険です。

◯ 安全点検の時期と内容

点検箇所	点検内容	定期点検時期	標準耐用年数
本体	変形、破損、割れ等がないか確認する	使用毎	1 年
握り	摩耗、ほつれ、緩み等がないか確認する	使用毎	6ヵ月
穂先	変形、破損、がたつき等がないか確認する	使用毎	6ヵ月

※上記の点検内容にもとづいて日常点検をおこなって下さい。
※異状が確認された場合は直ちに使用を中止して、製造業者、または販売代理店にすみやかに連絡をとり、修理または交換等の適切な処置をして下さい。

◯ 維持管理について [専門業者によるメンテナンスを受けて下さい]

(1) 直射日光の当たらない、風通しの良い場所に保管して下さい。
(2) 必ず専用の置台に載せた状態で保管して下さい。
(3) 使用後は、よごれ等を取り除き保管して下さい。

番号	名　称
①	本体
②	リング
③	止めネジ

円盤

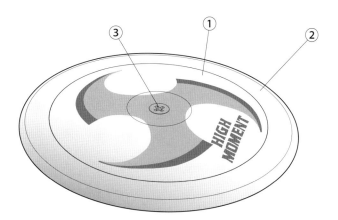

○ 正しい使い方

(1)専用の囲いを有した投てき場以外での使用はしないで下さい。

(2)円盤を投げる際は炭酸マグネシウム等を使用し、滑らないようにして下さい。

(3)使用の際は投てき方向の安全確認を十分にして下さい。

(4)管理者を定め適切な指導のもとで使用し、本来の目的以外に使用しないで下さい。

○ 誤った使い方の一例

(1)専用の囲いを有した投てき場以外の、人が円盤に当たってしまうような場所で使用をすると、思いがけない事故が発生し大変危険です。

○ 安全点検の時期と内容

点検箇所	点検内容	定期点検時期	標準耐用年数
本体	変形、破損、割れ、ささくれ、がたつき等がないか確認する	使用毎	6ヵ月
リング	破損、バリ、き裂等がないか確認する	使用毎	3年
止めネジ	変形、緩み、欠落等がないか確認する	使用毎	1年

※上記の点検内容にもとづいて日常点検をおこなって下さい。

※異状が確認された場合は直ちに使用を中止して、製造業者、または販売代理店にすみやかに連絡をとり、修理または交換等の適切な処置をして下さい。

○ 維持管理について［専門業者によるメンテナンスを受けて下さい］

(1)直射日光の当たらない、風通しの良い場所に保管して下さい。

(2)必ず専用の置台に載せた状態で保管して下さい。

(3)使用後は、よごれ等を取り除き保管して下さい。

点検の難易度／★★☆☆☆
誤使用の危険度／★★★★★

番号	名　称
①	本体

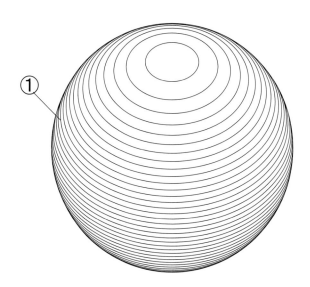

○ 正しい使い方

(1)専用の投てき場以外での使用はしないで下さい。

(2)砲丸を投げる際は、炭酸マグネシウム等を使用し、滑らないようにして下さい。

(3)使用の際は投てき方向の安全確認を十分にして下さい。

(4)管理者を定め適切な指導のもとで使用し、本来の目的以外に使用しないで下さい。

○ 誤った使い方の一例

(1)専用の投てき場以外の、人が砲丸に当たってしまうような場所で使用をすると思いがけない事故が発生し大変危険です。

○ 安全点検の時期と内容

点検箇所	点検内容	定期点検時期	標準耐用年数
本体	変形、破損、へこみ等がないか確認する	使用毎	3年

※上記の点検内容にもとづいて日常点検をおこなって下さい。

※異状が確認された場合は直ちに使用を中止して、製造業者、または販売代理店にすみやかに連絡をとり、修理または交換等の適切な処置をして下さい。

○ 維持管理について［専門業者によるメンテナンスを受けて下さい］

(1)直射日光の当たらない、風通しの良い場所に保管して下さい。

(2)必ず専用の置台に載せた状態で保管して下さい。

(3)使用後は、よごれ等を取り除き保管して下さい。

砲丸

番号	名　称
①	頭部
②	接続線
③	取っ手
④	頭部接続部

ハンマー

◯ 正しい使い方

(1)専用の囲いを有した投てき場以外での使用はしないで下さい。

(2)ハンマーを投げる際は手袋を着用し、さらに炭酸マグネシウム等を使用し、滑らないようにして下さい。

(3)使用の際は投てき方向の安全確認を十分にして下さい。

(4)管理者を定め適切な指導のもとで使用し、本来の目的以外に使用しないで下さい。

◯ 誤った使い方の一例

(1)専用の囲いを有した投てき場以外の、人がハンマーに当たってしまうような場所で使用をすると、思いがけない事故が発生し大変危険です。

◯ 安全点検の時期と内容

点検箇所	点検内容	定期点検時期	標準耐用年数
頭部	変形、破損等がないか確認する	使用毎	2年
接続線	変形、摩耗、さび、き裂等がないか確認する	使用毎	3ヵ月
取っ手	変形、摩耗、さび、き裂等がないか確認する	使用毎	3ヵ月
頭部接続部	変形、摩耗、さび、き裂等がないか確認する	使用毎	1年

※上記の点検内容にもとづいて日常点検をおこなって下さい。

※異状が確認された場合は直ちに使用を中止して、製造業者、または販売代理店にすみやかに連絡をとり、修理または交換等の適切な処置をして下さい。

◯ 維持管理について［専門業者によるメンテナンスを受けて下さい］

(1)直射日光の当たらない、風通しの良い場所に保管して下さい。

(2)必ず専用の置台に載せた状態で保管して下さい。

(3)使用後は、よごれ等を取り除き保管して下さい。

ジャベリックスロー

番号	名　称
①	穂先
②	本体
③	グリップ
④	尾翼

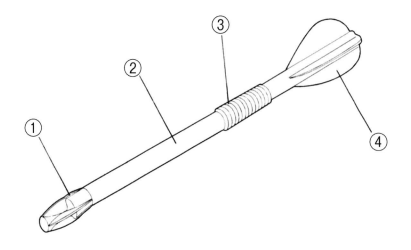

○ 正しい使い方

(1) あらかじめ決められた専用の場所以外では使用しないで下さい。

(2) 使用の際は投てき方向の安全確認を十分にして下さい。

(3) 管理者を定め適切な指導のもとで使用し、本来の目的以外に使用しないで下さい。

○ 安全点検の時期と内容

点検箇所	点検内容	定期点検時期	標準耐用年数
穂先	き裂、破損、摩耗等がないか確認する	使用毎	４ヵ月
本体	き裂、破損、折れ等がないか確認する	使用毎	１年
グリップ	き裂、破損、折れ等がないか確認する	使用毎	１年
尾翼	き裂、破損、折れ、摩耗等がないか確認する	使用毎	１年

※上記の点検内容にもとづいて日常点検をおこなって下さい。

※異状が確認された場合は直ちに使用を中止して、製造業者、または販売代理店にすみやかに連絡をとり、修理または交換等の適切な処置をして下さい。

○ 維持管理について［専門業者によるメンテナンスを受けて下さい］

(1) 直射日光の当たらない、風通しの良い場所に保管して下さい。

(2) 使用後は、屋外放置しないで下さい。

(3) 使用後は、ほこり、よごれ等を取り除き保管して下さい。

点検の難易度／★★★☆☆
誤使用の危険度／★★★☆☆

番号	名　称
①	バー
②	バー支柱
③	固定用ハンドル
④	高さ調節ピン
⑤	レベルアジャスター

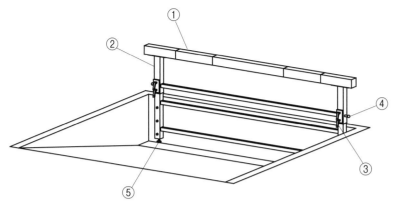

３０００ｍ障害水濠用ハードル

○ 正しい使い方

(1)バー①の高さは男子用、女子用に応じて固定用ハンドル③と高さ調節用ピン④にて調節して下さい。

(2)バー①の高さを調節する場合には、バーの重量を十分に保持できる人数で行って下さい。

(3)バー①は左右同じ高さに合わせて使用して下さい。

(4)競技場を多目的に使用するため等に、やむを得ずハードルを運搬する場合には、障害物の重量を十分に保持できる人数で、台車等使用し、おこなって下さい。

(5)管理者を定め適切な指導のもとで使用し、本来の目的以外に使用しないで下さい。

○ 安全点検の時期と内容

点検箇所	点検内容	定期点検時期	標準耐用年数
バー	き裂、変形、破損、折れ等がないかを確認する	3ヵ月	2年
バー支柱	溶接部の変形、破損、き裂等がないかを確認する	3ヵ月	5年
固定用ハンドル	破損、欠落、緩み等がないかを確認する	3ヵ月	2年
高さ調節ピン	破損、欠落、緩み等がないかを確認する	3ヵ月	2年
レベルアジャスター	破損、欠落、緩み等がないかを確認する	3ヵ月	2年

※上記の点検内容にもとづいて日常点検をおこなって下さい。

※異状が確認された場合は直ちに使用を中止して、製造業者、または販売代理店にすみやかに連絡をとり、修理または交換等の適切な処置をして下さい。

○ 維持管理について［専門業者によるメンテナンスを受けて下さい］

(1)使用後は、ほこり、よごれ等を取り除き直射日光の当たらない、風通しの良い場所に保管して下さい。

(2)使用しない時は、防水シート等をかけ雨水等の水分を吸収しないようにして下さい。

(3)塗装部にはがれがあれば早期に補修塗装をして下さい。

3000m障害移動障害物 キャスター内蔵

番号	名　称
①	バー
②	支柱
③	ベース
④	固定用ハンドル
⑤	高さ調節ピン
⑥	フットペダル
⑦	キャスター

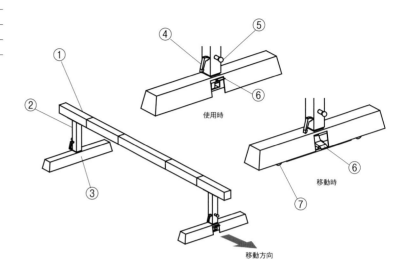

使用時

移動時

移動方向

◯ 正しい使い方

(1)バー①の高さは男子用、女子用に応じて固定用ハンドル④と高さ調節用ピン⑤にて調節して下さい。

(2)バー①の高さを調節する場合には、バーの重量を十分に保持できる人数で行って下さい。

(3)バー①は左右同じ高さに合わせて使用して下さい。

(4)運搬する場合には、フットペダル⑥を足で踏み、キャスター⑦を出して、移動させて下さい。地面とベース③に足や指などを入れると大変危険ですので絶対に入れないで下さい。移動は矢印の方向のみで行って下さい。

　※急な勾配や、段差は越えることができない場合がありますので、越えるまで重量を保持できる人数で持ち上げて移動させて下さい。

(5)管理者を定め適切な指導のもとで使用し、本来の目的以外に使用しないで下さい。

◯ 安全点検の時期と内容

点検箇所	点検内容	定期点検時期	標準耐用年数
バー	き裂、変形、破損、折れ等がないかを確認する	3ヵ月	2年
支柱、ベース	溶接部の変形、破損、き裂等がないかを確認する	3ヵ月	5年
固定用ハンドル	破損、欠落、緩み等がないかを確認する	3ヵ月	2年
高さ調節ピン	破損、欠落、緩み等がないかを確認する	3ヵ月	2年
フットペダル	破損、緩み、動作に問題等がないかを確認する	3ヵ月	2年
キャスター	タイヤの摩耗、ひび割れ、軸のずれ等がないかを確認する	3ヵ月	2年

※上記の点検内容にもとづいて日常点検をおこなって下さい。

※異状が確認された場合は直ちに使用を中止して、製造業者、または販売代理店にすみやかに連絡をとり、修理または交換等の適切な処置をして下さい。

◯ 維持管理について［専門業者によるメンテナンスを受けて下さい］

(1)使用後は、ほこり、よごれ等を取り除き直射日光の当たらない、風通しの良い場所に保管して下さい。

(2)長期間やむをえず屋外へ保管する場合は、防水シート等をかけ雨水等の水分を吸収しないようにして下さい。

(3)塗装部にはがれがあれば早期に補修塗装をして下さい。

点検の難易度／★★★☆☆
誤使用の危険度／★★★☆☆

番号	名　称
①	バー
②	支柱
③	ベース
④	固定用ハンドル
⑤	高さ調節ピン
⑥	キャリングカー

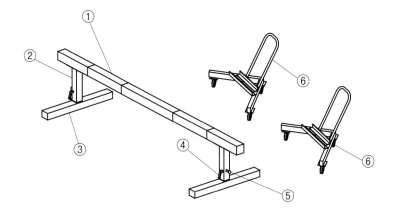

3000m障害移動障害物 及びキャリングカー

◯ 正しい使い方

(1)バー①の高さは男子用、女子用に応じて固定用ハンドル④と高さ調節用ピン⑤にて調節して下さい。

(2)バー①の高さを調節する場合には、バーの重量を十分に保持できる人数で行って下さい。

(3)バー①は左右同じ高さに合わせて使用して下さい。

(4)運搬する場合には、障害物の重量を十分に保持できる人数で、キャリングカー⑥を使用し、おこなって下さい。

(5)管理者を定め適切な指導のもとで使用し、本来の目的以外に使用しないで下さい。

◯ 安全点検の時期と内容

点検箇所	点検内容	定期点検時期	標準耐用年数
バー	き裂、変形、破損、折れ等がないかを確認する	3ヵ月	2年
支柱、ベース	溶接部の変形、破損、き裂等がないかを確認する	3ヵ月	5年
固定用ハンドル	破損、欠落、緩み等がないかを確認する	3ヵ月	2年
高さ調節ピン	破損、欠落、緩み等がないかを確認する	3ヵ月	2年
キャリングカー	破損、タイヤの摩耗、ひび割れ、軸のずれ等がないかを確認する	3ヵ月	2年

※上記の点検内容にもとづいて日常点検をおこなって下さい。

※異状が確認された場合は直ちに使用を中止して、製造業者、または販売代理店にすみやかに連絡をとり、修理または交換等の適切な処置をして下さい。

◯ 維持管理について [専門業者によるメンテナンスを受けて下さい]

(1)使用後は、ほこり、よごれ等を取り除き直射日光の当たらない、風通しの良い場所に保管して下さい。

(2)長期間やむをえず屋外へ保管する場合は、防水シート等をかけ雨水等の水分を吸収しないようにして下さい。

(3)塗装部にはがれがあれば早期に補修塗装をして下さい。

審判台 移動式

番号	名　称
①	手すり
②	本体
③	キャスター
④	ジャッキ
⑤	ウインチ
⑥	土台
⑦	補助支柱
⑧	本体支柱
⑨	ワイヤー

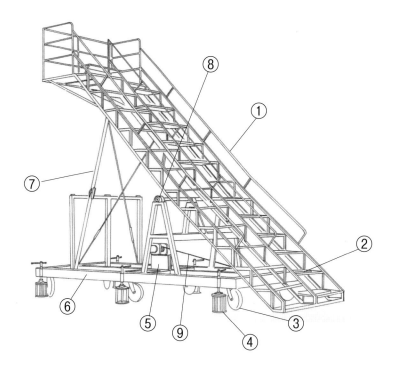

◯ 正しい使い方

(1) 移動時は、ジャッキ④を外し本体②を折り畳んでおこなって下さい。

(2) フィニッシュラインの延長上の正しい位置に設置して下さい。

(3) 使用時は、ジャッキ④にてキャスター③を浮かせた状態で土台⑥が水平になるよう固定して下さい。

(4) 危険防止のため折り畳んだ状態では乗らないで下さい。

(5) 本体②の起倒操作はウインチ⑤でおこないます。ウインチ⑤は時計回転で巻き上げ反時計回転で巻き戻しです。巻き上げをおこなうつもりで反時計回転をつづけると、逆巻きつけになり、ブレーキが解除状態となり大変危険です。ウインチ⑤を操作する時には作業内容と回転方向を必ず確認して下さい。

(6) 管理者を定め適切な指導のもとで使用し、本来の目的以外に使用しないで下さい。

◯ 安全点検の時期と内容

点検箇所	点検内容	定期点検時期	標準耐用年数
本体	変形、破損、がたつき、さび等がないかを確認する	6ヵ月	3年
キャスター	タイヤのひび割れ、摩耗、軸のずれ等がないかを確認する	6ヵ月	2年
ウインチ	ワイヤーにさび、き裂、摩耗、油切れ等がないかを確認する	3ヵ月	3年
接合部	ボルト・ナット等の緩み、破損、変形等がないかを確認する	3ヵ月	2年
土台、手すり、支柱	破損、変形、さび等がないか確認する	6ヵ月	5年
ジャッキ	ネジ部に破損、変形、さび、油切れ等がないかを確認する	3ヵ月	2年
ワイヤー	さび、ささくれ、キンク、油切れ等がないかを確認する	3ヵ月	1年

※上記の点検内容にもとづいて日常点検をおこなって下さい。

※異状が確認された場合は直ちに使用を中止して、製造業者、または販売代理店にすみやかに連絡をとり、修理または交換等の適切な処置をして下さい。

◯ 維持管理について [専門業者によるメンテナンスを受けて下さい]

(1) 保管の際は平たんな場所にジャッキを掛け、キャスターを浮かした状態で保管して下さい。

(2) 本体(階段部)は、完全に折り畳んだ状態で保管して下さい。

(3) 長期間使用しない場合は、風雨の当たらない場所に保管して下さい。

(4) 塗装部にはがれがあれば早期に補修塗装をして下さい。

番号	名　称
①	手すり
②	本体
③	支柱
④	補強支柱

審判台 固定式

◯ 正しい使い方

(1) フィニッシュラインの延長上の正しい位置に設置して下さい。

(2) 座席の上に立ち上がるなど危険な行為をしないで下さい。

(3) 危険防止のため移動はおこなわないで下さい。

(4) 移動する際には専門業者等の適切な指示に従って、十分保持できる人数でおこなって下さい。

(5) 管理者を定め適切な指導のもとで使用し、本来の目的以外に使用しないで下さい。

◯ 安全点検の時期と内容

点検箇所	点検内容	定期点検時期	標準耐用年数
手すり	変形、さび、溶接部のがたつき等がないかを確認する	6ヵ月	3年
本体	破損、変形、がたつき、さび等がないかを確認する	6ヵ月	3年
支柱	破損、変形、がたつき、さび等がないかを確認する	6ヵ月	3年
補助支柱	破損、変形、がたつき、さび等がないかを確認する	6ヵ月	3年

※上記の点検内容にもとづいて日常点検をおこなって下さい。

※異状が確認された場合は直ちに使用を中止して、製造業者、または販売代理店にすみやかに連絡をとり、修理または交換等の適切な処置をして下さい。

◯ 維持管理について [専門業者によるメンテナンスを受けて下さい]

(1) 重量物等をのせないで下さい。

(2) 塗装部にはがれがあれば早期に補修塗装をして下さい。

投てき囲い 起倒式

番号	名　称
①	支柱(インナー)
②	支柱(アウター)
③	ベース
④	キャスター
⑤	ウインチ
⑥	内ネット
⑦	外ネット

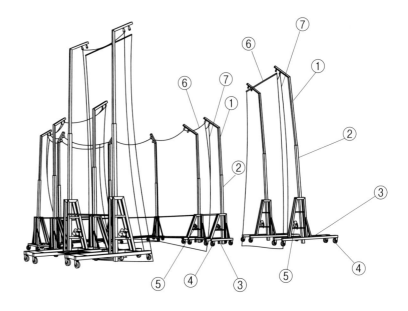

◯ 正しい使い方

(1)移動する際には、管理者の適切な指示に従って十分な人数で全ての支柱①②を均等に押して下さい。

(2)平たんで安定した場所に設置し、キャスター④のブレーキをかけた状態で使用して下さい。

(3)ネットは全ての支柱を均等に、内ネット⑥から先に上げて下さい。

(4)支柱①②の起倒操作はウインチ⑤でおこないます。ウインチ⑤は時計回転で巻き上げ反時計回転で巻き戻しです。巻き上げをおこなうつもりで反時計回転をつづけると、逆巻きつけになり、ブレーキが解除状態となり大変危険です。ウインチ⑤を操作する時には作業内容と回転方向を必ず確認して下さい。また、ウインチ⑤を操作する際には、支柱①②の倒れる方向に人がいないことを十分に確認した上でおこなって下さい。

(5)使用の際は投てき方向の安全確認を十分にして下さい。

(6)危険防止のため、投てき囲いに登らないで下さい。

(7)管理者を定め適切な指導のもとで使用し、本来の目的以外に使用しないで下さい。

◯ 誤った使い方の一例

(1)ウインチ⑤のワイヤーを逆巻にすると、支柱の転倒など思いがけない事故が発生し大変危険です。

◯ 安全点検の時期と内容

点検箇所	点検内容	定期点検時期	標準耐用年数
支柱(インナー)	変形、破損、腐食等がないかを確認する	3ヵ月	2年
支柱(アウター)	変形、破損、腐食等がないかを確認する	6ヵ月	5年
ベース	変形、破損、さび等がないかを確認する	6ヵ月	5年
キャスター	タイヤのひび割れ、摩耗、軸のずれ等がないかを確認する	6ヵ月	2年
ウインチ	ワイヤーにさび、き裂、摩耗、油切れ等がないかを確認する	3ヵ月	3年
ネット	破れ、支柱からの外れ等がないか確認する	3ヵ月	2年
ワイヤー	さび、ささくれ、キンク、油切れ等がないかを確認する	3ヵ月	1年

※上記の点検内容にもとづいて日常点検をおこなって下さい。

※異状が確認された場合は直ちに使用を中止して、製造業者、または販売代理店にすみやかに連絡をとり、修理または交換等の適切な処置をして下さい。

◯ 維持管理について［専門業者によるメンテナンスを受けて下さい］

(1)使用しない時は、内ネット⑥外ネット⑦を外して、支柱を倒し、支柱(インナー)①を支柱(アウター)②に収納した状態で保管して下さい。

(2)長期間使用しない場合には風雨の当たらない、平たんな場所に、キャスター④のブレーキを掛けた状態で保管して下さい。

(3)滑車、ワイヤー等には定期的に注油して下さい。

(4)塗装部にはがれがあれば早期に補修塗装をして下さい。

点検の難易度／★★★☆☆
誤使用の危険度／★★★★★

投てき囲い 移動式

番号	名　称
①	支柱
②	補強支柱
③	キャスター
④	ウインチ
⑤	ネット（内網）
⑥	ネット（外網）

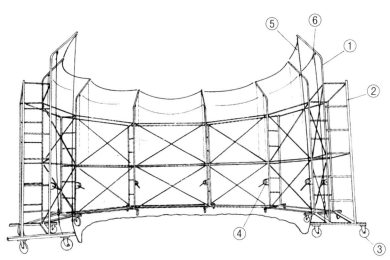

◯ 正しい使い方

(1)移動する際には、管理者の適切な指示に従って十分な人数で8本の支柱①を均等に押して下さい。

(2)平たんで安定した場所に設置し、キャスター③のブレーキをかけた状態で使用して下さい。

(3)使用の際は網⑤⑥をウインチ④で支柱①上部にある滑車位置まで8箇所同時に巻き上げて下さい。

(4)危険防止のため、投てき囲いに登らないで下さい。

(5)使用の際は投てき方向の安全確認を十分にして下さい。

(6)管理者を定め適切な指導のもとで使用し、本来の目的以外に使用しないで下さい。

◯ 安全点検の時期と内容

点検箇所	点検内容	定期点検時期	標準耐用年数
支柱	変形、破損、さび等がないかを確認する	6ヵ月	5年
ネット	破れ、支柱からの外れ等がないかを確認する	3ヵ月	2年
キャスター	タイヤのひび割れ、摩耗、軸のずれ、ブレーキ不良等がないかを確認する	6ヵ月	2年
ウインチ	さび、破損、変形等がないかを確認する	3ヵ月	3年
補強支柱	変形、破損、さび等がないかを確認する	6ヵ月	3年

※上記の点検内容にもとづいて日常点検をおこなって下さい。

※異状が確認された場合は直ちに使用を中止して、製造業者、または販売代理店にすみやかに連絡をとり、修理または交換等の適切な処置をして下さい。

◯ 維持管理について［ 専門業者によるメンテナンスを受けて下さい ］

(1)使用しない時は、内、外のネットを取りはずして保管して下さい。

(2)長期間使用しない場合には風雨の当たらない、平たんな場所に保管して下さい。

(3)滑車、ワイヤーコード等には定期的に注油して下さい。

(4)塗装部にはがれがあれば早期に補修塗装をして下さい。

点検の難易度／★★☆☆☆
誤使用の危険度／★★★☆☆

信号器

番号	名　称
①	本体
②	撃鉄調整具
③	引き金
④	雷管紙挿入口
⑤	撃鉄

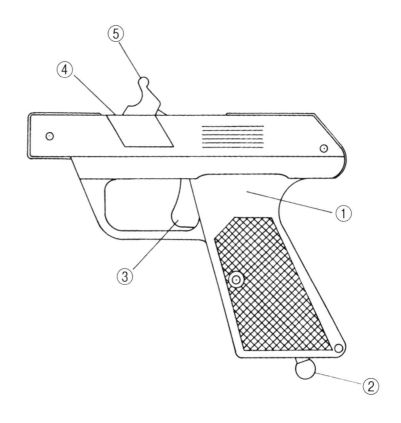

◯ 正しい使い方

(1) 使用の際は、聴力障害防止のため、耳栓をし正しい姿勢にて使用して下さい。

(2) 撃鉄調整具②の位置を変えて、撃鉄の強度を調整して下さい。

(3) 撃鉄⑤を引き上げて、雷管紙を雷管紙挿入口④へ正確に入れて下さい。

(4) 使用の際は、周囲の安全確認を十分にして下さい。

(5) 雷管紙を入れたまま放置しないで下さい。

(6) 管理者を定め適切な指導のもとで使用し、本来の目的以外に使用しないで下さい。

◯ 安全点検の時期と内容

点検箇所	点検内容	定期点検時期	標準耐用年数
本体	破損、変形、さび等がないかを確認する	1ヵ月	1年
引き金、撃鉄	破損、変形、さび、動作不良等がないかを確認する	使用毎	1年

※上記の点検内容にもとづいて日常点検をおこなって下さい。

※異状が確認された場合は直ちに使用を中止して、製造業者、または販売代理店にすみやかに連絡をとり、修理または交換等の適切な処置をして下さい。

◯ 維持管理について [専門業者によるメンテナンスを受けて下さい]

(1) 直射日光の当たらない、風通しの良い場所に保管して下さい。

(2) 使用後は撃鉄、雷管紙挿入口を油(浸透性の良いもの)で掃除して下さい。

点検の難易度／★☆☆☆☆
誤使用の危険度／★★☆☆☆

陸　上　器　具

番号	名　称
①	標示部
②	スプリング
③	支柱

ペ
グ

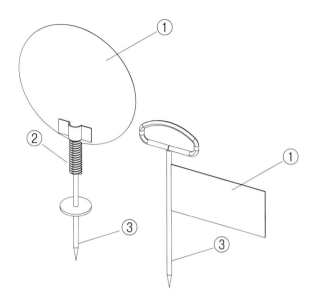

◯ 正しい使い方

(1)投てき競技の各競技者の距離位置（ライン沿い）を示す道具です。競技場の芝あるいは土以外には使用しないで下さい。

(2)支柱③は突端が尖っているため大変危険です。絶対に人に向けないで下さい。

(3)管理者を定め適切な指導のもとで使用し、本来の目的以外に使用しないで下さい。

◯ 安全点検の時期と内容

点検箇所	点検内容	定期点検時期	標準耐用年数
標示部	変形、破損、がたつき等がないかを確認する	3ヵ月	2年
スプリング	変形、破損、がたつき、へたり等がないかを確認する	3ヵ月	1年
支柱	破損、がたつき、曲がり等がないかを確認する	3ヵ月	2年

※上記の点検内容にもとづいて日常点検をおこなって下さい。

※異状が確認された場合は直ちに使用を中止して、製造業者、または販売代理店にすみやかに連絡をとり、修理または交換等の適切な処置をして下さい。

◯ 維持管理について［専門業者によるメンテナンスを受けて下さい］

(1)使用後は、直射日光の当たらない、風通しの良い場所に保管して下さい。

(2)保管の際は、支柱③の突端を上に向けると大変危険です。必ず支柱③の突端を下に向けた状態で保管して下さい。

(3)塗装部にはがれがあれば早期に補修塗装をして下さい。

179

PLAYGROUND
遊器具

遊器具の安全に関する規準については、
遊器具の専門業者にお問い合わせ下さい。

滑り台

番号	名　称
①	踊り場
②	階段
③	階段用手すり
④	支柱
⑤	滑り面用手すり
⑥	滑り面用側板
⑦	滑り面用床面

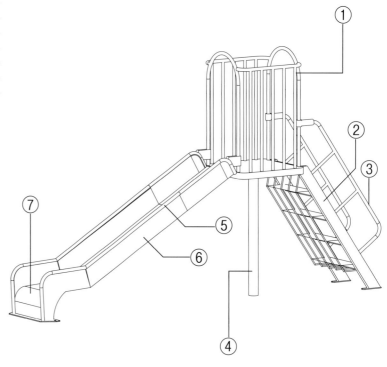

◯ 正しい使い方

(1) 階段②を踏みはずさないよう、階段用手すり③につかまって順序よく登って下さい。

(2) 踊り場①では押したり、ついたり、ひっぱったり、ふざけないで下さい。

(3) 滑る時は姿勢正しくすわり、手を滑り面用手すり⑤にそえて滑って下さい（立ったまま滑らない）。

(4) 下から登ったり、おり口付近で遊ばないで下さい。

(5) 管理者を定め適切な指導のもとで使用し、本来の目的以外に使用しないで下さい。

◯ 安全点検の時期と内容

点検箇所	点検内容	定期点検時期	標準耐用年数
踊り場	破損、変形、さび等がないかを確認する	1年	10年
支柱	破損、変形、さび、ぐらつき等がないかを確認する	1年	10年
滑り面（手すり、側板、床面）	破損、変形、さび、摩耗、突起物、ぐらつき等がないかを確認する	1年	7年
階段	破損、変形、さび、踏板欠損等がないかを確認する	1年	7年
接合部	ボルト・ナットの緩み、破損、変形等がないかを確認する	1年	3年

※上記の点検内容にもとづいて日常点検をおこなって下さい。

※異状が確認された場合は直ちに使用を中止して、製造業者、または販売代理店にすみやかに連絡をとり、修理または交換等の適切な処置をして下さい。

◯ 維持管理について［専門業者によるメンテナンスを受けて下さい］

(1) 塗装部にはがれがあれば早期に補修塗装をして下さい。

点検の難易度／★★★☆☆
誤使用の危険度／★★★★☆

遊　　器　　具

番号	名　称
①	フレーム
②	接合部

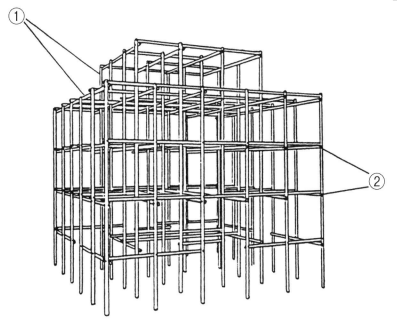

ジャングルジム

○ 正しい使い方

(1) フレーム①をしっかり握り、1段1段を確認して移動して下さい。

(2) ふざけ合ったり、フレーム①から手を離したり、他階段から飛びおりたりしないで下さい。

(3) 一番上に立たないで下さい。

(4) 他の人が遊んでいるそばには行かないで下さい。

(5) 管理者を定め適切な指導のもとで使用し、本来の目的以外には使用しないで下さい。

○ 安全点検の時期と内容

点検箇所	点検内容	定期点検時期	標準耐用年数
フレーム	破損、変形、さび、ぐらつき等がないかを確認する	1年	10年
接合部	ボルト・ナットの緩み、破損、変形等がないかを確認する	1年	3年

※上記の点検内容にもとづいて日常点検をおこなって下さい。

※異状が確認された場合は直ちに使用を中止して、製造業者、または販売代理店にすみやかに連絡をとり、修理または交換等の適切な処置をして下さい。

○ 維持管理について [専門業者によるメンテナンスを受けて下さい]

(1) 塗装部にはがれがあれば早期に補修塗装をして下さい。

183

ブランコ

番号	名　称
①	梁パイプ
②	接合部
③	支柱
④	吊り金具
⑤	吊りチェーン
⑥	着座部

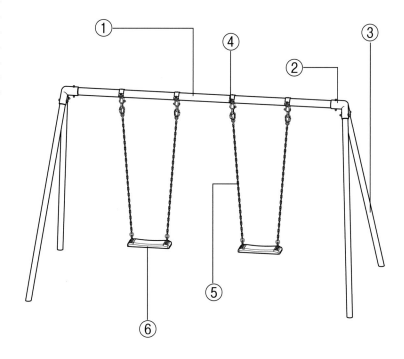

◯ 正しい使い方

(1)吊チェーン⑤をしっかり持って、前後方向に振って下さい。

(2)横に振ったり8の字を描くような片寄った振り方はしないで下さい。

(3)梁パイプ①にぶら下がらないで下さい。

(4)降りるときは停止してから(飛び降りない)、隣のブランコに接触しないよう左右に気をつけて下さい。

(5)他の人がこいでいるそばには行かないで下さい。

(6)管理者を定め適切な指導のもとで使用し、本来の目的以外には使用しないで下さい。

◯ 安全点検の時期と内容

点検箇所	点検内容	定期点検時期	標準耐用年数
梁パイプ、支柱	破損、変形、さび、ぐらつき等がないかを確認する	1年	10年
吊り金具	破損、変形、さび、摩耗、油切れ等がないかを確認する	1年	3年
吊りチェーン	破損、変形、さび、摩耗等がないかを確認する	1年	3年
着座部	破損、変形、摩耗等がないかを確認する	1年	3年
接合部	ボルト・ナットの緩み、破損、変形等がないかを確認する	1年	3年

※上記の点検内容にもとづいて日常点検をおこなって下さい。

※異状が確認された場合は直ちに使用を中止して、製造業者、または販売代理店にすみやかに連絡をとり、修理または交換等の適切な処置をして下さい。

◯ 維持管理について [専門業者によるメンテナンスを受けて下さい]

(1)塗装部にはがれがあれば早期に補修塗装をして下さい。

番号	名　称
①	支柱
②	バー
③	接合部
④	支柱控え

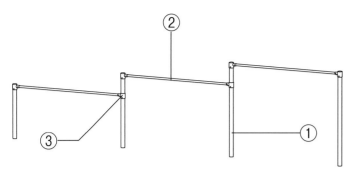

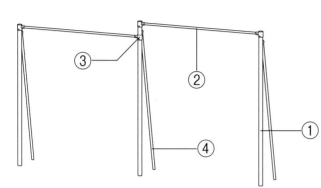

○ 正しい使い方

(1)正しい姿勢で使用し、バー②から手を離さないようにして下さい。

(2)1本のバーで2人以上並んでの使用はしないで下さい。

(3)バー②の上に立ったり、歩いたり、腰掛けたり、飛び降りたりする行為はしないで下さい。

(4)他の人が遊んでいるそばには行かないで下さい。

(5)濡れている時は遊ばないで下さい。

(6)管理者を定め適切な指導のもとで使用し、本来の目的以外には使用しないで下さい。

○ 安全点検の時期と内容

点検箇所	点検内容	定期点検時期	標準耐用年数
支柱、支柱控え	破損、変形、さび、ぐらつき等がないかを確認する	1年	10年
バー	破損、変形、さび等がないか、バーが回転していないかを確認する	1年	10年
接合部	ボルト・ナットの緩み、破損、変形等がないかを確認する	1年	3年

※上記の点検内容にもとづいて日常点検をおこなって下さい。

※異状が確認された場合は直ちに使用を中止して、製造業者、または販売代理店にすみやかに連絡をとり、修理または交換等の適切な処置をして下さい。

○ 維持管理について［ 専門業者によるメンテナンスを受けて下さい ］

(1)塗装部にはがれがあれば早期に補修塗装をして下さい。

雲梯

番号	名　称
①	梯子
②	支柱
③	控えパイプ
④	接合部

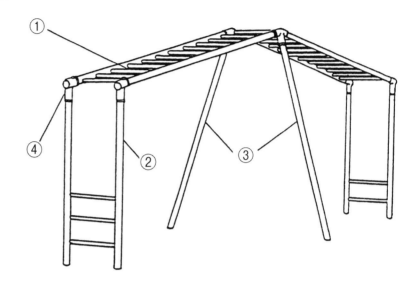

○ 正しい使い方

(1)両端部より出発し、ジャンプするなどして梯子①の途中からぶらさがるようなことはしないで下さい。

(2)梯子①の上に登ったり、飛びおりたり、支柱②、控えパイプ③に登ったりしないで下さい。

(3)他の人が遊んでいるそばには行かないで下さい。

(4)濡れている時は遊ばないで下さい。

(5)管理者を定め適切な指導のもとで使用し、本来の目的以外には使用しないで下さい。

○ 安全点検の時期と内容

点検箇所	点検内容	定期点検時期	標準耐用年数
梯子	破損、変形、さび等がないかを確認する	1年	10年
支柱、フレーム	破損、変形、さび、ぐらつき等がないかを確認する	1年	10年
接合部	ボルト・ナットの緩み、破損、変形等がないかを確認する	1年	3年

※上記の点検内容にもとづいて日常点検をおこなって下さい。

※異状が確認された場合は直ちに使用を中止して、製造業者、または販売代理店にすみやかに連絡をとり、修理または交換等の適切な処置
　をして下さい。

○ 維持管理について [専門業者によるメンテナンスを受けて下さい]

(1)塗装部にはがれがあれば早期に補修塗装をして下さい。

番号	名　称
①	支柱
②	フレーム
③	回転部
④	座板
⑤	取っ手
⑥	接合部

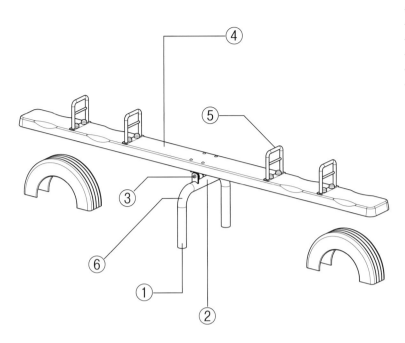

○ 正しい使い方

(1)左右にはそれぞれ均衡の取れる位置にすわり、取っ手⑤を必ず持ち、手を離さないで下さい。

(2)足は座板④の内側に入れないで下さい。

(3)座板の下にもぐらないで下さい。

(4)降りるときは声を掛け合ってから降りて下さい。

(5)立ち乗りや、一人で乗ったりしないで下さい。

(6)フレーム②や座板④の下にもぐらないで下さい。

(7)管理者を定め適切な指導のもとで使用し、本来の目的以外には使用しないで下さい。

○ 安全点検の時期と内容

点検箇所	点検内容	定期点検時期	標準耐用年数
支柱、フレーム	破損、変形、さび、ぐらつき等がないかを確認する	1年	10年
回転部	回転はスムーズか、異常音がしていないかを確認する	1年	7年
取っ手、座板	破損、変形、さび、ささくれ、割れ、変形等がないかを確認する	1年	3年
接合部	ボルト・ナットの緩み、破損、変形等がないかを確認する	1年	3年

※上記の点検内容にもとづいて日常点検をおこなって下さい。

※異状が確認された場合は直ちに使用を中止して、製造業者、または販売代理店にすみやかに連絡をとり、修理または交換等の適切な処置をして下さい。

○ 維持管理について [専門業者によるメンテナンスを受けて下さい]

(1)塗装部にはがれがあれば早期に補修塗装をして下さい。

点検の難易度／★★★☆☆
誤使用の危険度／★★★★☆

肋木

番号	名　称
①	握りパイプ
②	支柱
③	笠木

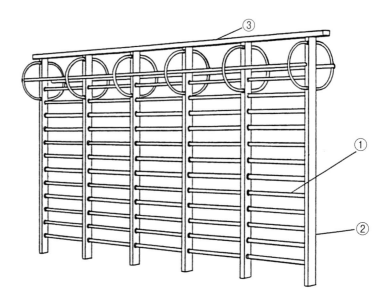

○ 正しい使い方

(1)握りパイプ①をすべらないようにしっかり握り使用して下さい。

(2)飛びおりたり、握りパイプ①の間に頭や体を入れないようにして下さい。

(3)支柱②から登ったり笠木③の上に登ったりしないで下さい。

(4)濡れている時は遊ばないで下さい。

(5)管理者を定め適切な指導のもとで使用し、本来の目的以外には使用しないで下さい。

○ 安全点検の時期と内容

点検箇所	点検内容	定期点検時期	標準耐用年数
握りパイプ、笠木	破損、変形、さび等がないかを確認する	1年	10年
支柱	破損、変形、さび、ぐらつき等がないかを確認する	1年	10年

※上記の点検内容にもとづいて日常点検をおこなって下さい。

※異状が確認された場合は直ちに使用を中止して、製造業者、または販売代理店にすみやかに連絡をとり、修理または交換等の適切な処置をして下さい。

○ 維持管理について [専門業者によるメンテナンスを受けて下さい]

(1)塗装部にはがれがあれば早期に補修塗装をして下さい。

番号	名　　称
①	のぼり棒
②	梁パイプ
③	支柱
④	接合部

○ 正しい使い方

(1) のぼり棒①は1本につき1人ずつで使用して下さい。

(2) のぼり棒①から手を離したり、飛びおりたりしないで下さい。

(3) 隣ののぼり棒に、渡りうつったり、逆さまにおりたりしないで下さい。

(4) 上に誰かいたら下に行かないで下さい。

(5) 支柱③に登ったり、梁パイプ②につかまったりしないで下さい。

(6) 管理者を定め適切な指導のもとで使用し、本来の目的以外には使用しないで下さい。

○ 安全点検の時期と内容

点検箇所	点検内容	定期点検時期	標準耐用年数
のぼり棒	破損、変形、さび等がないかを確認する	1年	10年
梁パイプ	破損、変形、さび等がないかを確認する	1年	10年
支柱	破損、変形、さび、ぐらつき等がないかを確認する	1年	10年
接合部	ボルト・ナットの緩み、破損、変形等がないかを確認する	1年	3年

※上記の点検内容にもとづいて日常点検をおこなって下さい。

※異状が確認された場合は直ちに使用を中止して、製造業者、または販売代理店にすみやかに連絡をとり、修理または交換等の適切な処置をして下さい。

○ 維持管理について［専門業者によるメンテナンスを受けて下さい］

(1) 塗装部にはがれがあれば早期に補修塗装をして下さい。

はんとう棒

AQUATIC

水上器具

page number 192-198

プ
ー
ル
フ
ロ
ア

番号	名 称
①	本体
②	本体保護端具
③	脚
④	脚保護端具
⑤	横側板
⑥	縦側板

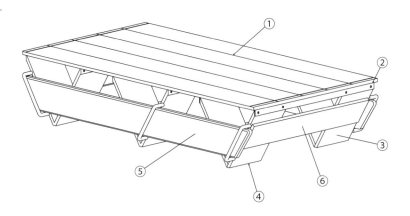

○ 正しい使い方

(1) 潜り込み防止のため、⑤・⑥の側板が付いていないプールフロアは絶対に使用しないで下さい。

(2) 持ち運びの際、投げたり落としたり引きずったりしないで下さい。

(3) 連結して使用する場合は、ロープ等でしっかり縛ってから使用して下さい。

(4) プールフロアは、プールの水深を調整するための台です。

(5) 管理者を定め適切な指導のもとで使用し、本来の目的以外に使用しないで下さい。

○ 安全点検の時期と内容

点検箇所	点検内容	定期点検時期	標準耐用年数
本体	ひび割れ等がないかを確認する	2ヵ月	3年
本体保護端具	はがれていないかを確認する	2ヵ月	2年
脚、側板	割れ、がたつき等がないかを確認する	6ヵ月	3年
脚保護端具	外れていないかを確認する	6ヵ月	2年

※上記の点検内容にもとづいて日常点検をおこなって下さい。

※異状が確認された場合は直ちに使用を中止して、製造業者、または販売代理店にすみやかに連絡をとり、修理または交換等の適切な処置をして下さい。

○ 維持管理について ［専門業者によるメンテナンスを受けて下さい］

(1) 必ず平たんな所に保管して下さい。

(2) 高く積み重ねると崩れる危険がありますので積み重ねは二段以内にして下さい。積み重ねた場合は必ずロープ等で固定し、上に乗らないようにして下さい。

(3) 屋外で保管する場合は、直射日光を避けるため必ずシートをかぶせて下さい。

番号	名　称
①	フック付きクリップ
②	ワイヤー
③	クリップ
④	タンバックル
⑤	タンバックルカバー
⑥	フロート

コースロープ

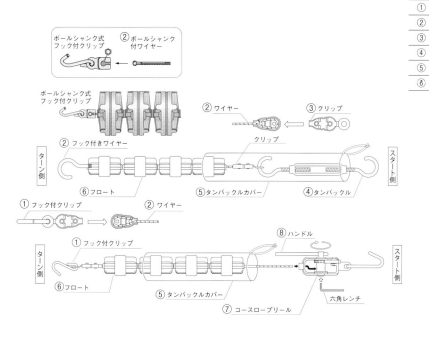

○ 正しい使い方

(1) コースロープのワイヤー②は緩まないようにタンバックル④で調整して下さい。

(2) コースロープの上に乗ったり、ぶら下がったりしないで下さい。

(3) コースロープを張ったままの状態でプール水を排水しないで下さい。

(4) コースロープをはずす時は、プールサイドにたたきつけないように静かに上げて下さい。

(5) コースロープを収納する際は、周囲に注意をはらいゆっくりとおこなって下さい。

(6) タンバックルカバーは必ず付けて使用して下さい。

(7) 管理者を定め適切な指導のもとで使用し、本来の目的以外に使用しないで下さい。

○ 安全点検の時期と内容

点検箇所	点検内容	定期点検時期	標準耐用年数
フロート	ひび割れ等の破損がないかを確認する	6ヵ月	2年
ワイヤー	ささくれや被覆の破損等がないかを確認する	6ヵ月	2年
クリップ、フック付クリップ	ボルトの緩みがないかを確認する	3ヵ月	2年

※上記の点検内容にもとづいて日常点検をおこなって下さい。

※異状が確認された場合は直ちに使用を中止して、製造業者、または販売代理店にすみやかに連絡をとり、修理または交換等の適切な処置をして下さい。

○ 維持管理について [専門業者によるメンテナンスを受けて下さい]

(1) シーズンオフの格納時にはフロート内の水を完全に抜いて下さい。

(2) プールサイドに放置することなく、巻取器・収納ベンチ等に格納して下さい。

(3) 格納場所は直射日光をさけ、風通しの良い湿気の少ない場所を選んで下さい。樹脂製品（フロート類）はプール水に含まれる塩素系薬品や紫外線吸収による経年劣化により割れが生じます。シーズンオフに限らずフロートが割れた場合はすみやかに取り替えて下さい。

点検の難易度／★★☆☆☆
誤使用の危険度／★★★☆☆

番号	名　称
①	側板（ドラム）
②	取っ手（ガイドパイプ）
③	キャスター（ストッパー無し）
④	キャスター（ストッパー付き）

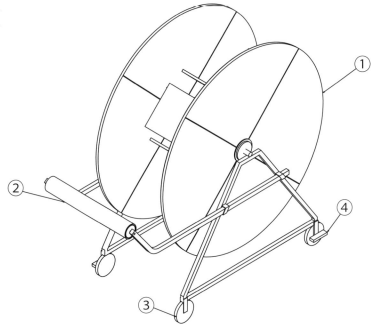

○ 正しい使い方

（1）使用前に各部の緩みがないかを点検して下さい。

（2）使用は平たんな場所を選び、キャスター④のストッパーが確実に効いているかを確認して下さい。

（3）収納は太さと長さにより決められた本数以上は巻かないで下さい。

（4）コースロープは順序よくきれいにゆっくりと巻き込んで下さい。

（5）移動の際はプールの端などにぶつけないよう注意して下さい。

（6）管理者を定め適切な指導のもとで使用し、本来の目的以外に使用しないで下さい。

○ 安全点検の時期と内容

点検箇所	点検内容	定期点検時期	標準耐用年数
全体	塗装の剥離、さび等がでていないかを確認する	３ヵ月	３年
キャスター	さび等が出ていないかを確認する	３ヵ月	２年
接合部	ボルト・ナットに緩みがないかを確認する	３ヵ月	３年
ドラム	軸受部分の回転がスムーズか、割れがないかを確認する	６ヵ月	３年

※上記の点検内容にもとづいて日常点検をおこなって下さい。

※異状が確認された場合は直ちに使用を中止して、製造業者、または販売代理店にすみやかに連絡をとり、修理または交換等の適切な処置をして下さい。

○ 維持管理について［専門業者によるメンテナンスを受けて下さい］

（1）シーズンオフの保管の際は、コースロープを完全に乾かしてから巻き取って下さい。

（2）キャスターのストッパーは必ず止め、平たんな場所に保管して下さい。

（3）保管時は直射日光を避け風通しの良い湿気の少ない場所で保管して下さい。

（4）その他製品に添付された説明書注意事項にもとづき管理して下さい。

（5）塗装部にはがれがあれば早期に補修塗装をして下さい。

コースロープ巻取り器

番号	名　称
①	本体
②	土台
③	ステップ
④	座部

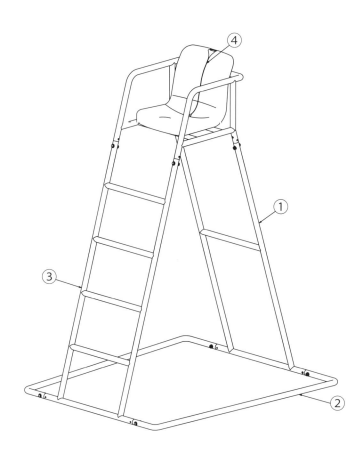

監視員台

○ 正しい使い方

(1) 使用前に各部の緩みがないかを点検して下さい。

(2) 傾斜や凹凸のない平たんな場所で使用して下さい。

(3) 座面には深く座って使用して下さい。立ち上がったりしないよう注意して下さい。

(4) 移動する時は周囲の安全を確認して2人以上で持ち、引きずらないで下さい。

(5) 風の強いときは、倉庫等に格納するか横に倒して固定して下さい。

(6) 管理者を定め適切な指導のもとで使用し、本来の目的以外に使用しないで下さい。

○ 安全点検の時期と内容

点検箇所	点検内容	定期点検時期	標準耐用年数
本体	塗装の剥離、さび等がでていないかを確認する	3ヵ月	3年
接合部	ボルト・ナット等に緩みがないかを確認する	3ヵ月	3年
幌(セットした場合)	破れ、止め紐の緩み等がないかを確認する	3ヵ月	2年

※上記の点検内容にもとづいて日常点検をおこなって下さい。

※異状が確認された場合は直ちに使用を中止して、製造業者、または販売代理店にすみやかに連絡をとり、修理または交換等の適切な処置をして下さい。

○ 維持管理について [専門業者によるメンテナンスを受けて下さい]

(1) シーズンオフで使用しない時は必ず倉庫等に保管して下さい。

(2) 湿気の少ない直射日光の当たらない場所で保管して下さい。

(3) 保管中は転倒しないようにロープ等で固定するなど十分注意して下さい。

(4) 塗装部にはがれがあれば早期に補修塗装をして下さい。

点検の難易度／★☆☆☆☆
誤使用の危険度／★☆☆☆☆

ビート板整理棚

番号	名　称
①	フレーム
②	棚フレーム
③	端具
④	エンドキャップ
⑤	背フレーム

○ 正しい使い方

(1) 組み立て式の整理棚は、取扱説明書に従い正しく組み立てて使用して下さい。

(2) 使用前に各部の緩みがないかを点検して下さい。

(3) 傾斜や凹凸のない平たんな場所で使用して下さい。

(4) 端具③にアジャスターが付いている場合は設置場所で調節して使用して下さい。

(5) 移動する時は周囲の安全を確認して2人以上で持ち、引きずらないで下さい。

(6) フレーム①や棚フレーム②に寄りかかったり足を掛けたりしないで下さい。

(7) 管理者を定め適切な指導のもとで使用し、本来の目的以外に使用しないで下さい。

○ 安全点検の時期と内容

点検箇所	点検内容	定期点検時期	標準耐用年数
全体	塗装の剥離、さび等がでていないかを確認する	3ヵ月	3年
フレーム、棚フレーム	曲り、ゆがみ等の変形がないかを確認する	6ヵ月	3年
背フレーム	曲り、ゆがみ等の変形がないかを確認する	6ヵ月	3年
エンドキャップ	ボルト・ナットの緩み、脱落がないかを確認する	2ヵ月	3年
端具	脱落、損傷等がないかを確認する	2ヵ月	2年
溶接部	き裂、変形等がないかを確認する	6ヵ月	3年

※上記の点検内容にもとづいて日常点検をおこなって下さい。
※異状が確認された場合は直ちに使用を中止して、製造業者、または販売代理店にすみやかに連絡をとり、修理または交換等の適切な処置をして下さい。

○ 維持管理について［専門業者によるメンテナンスを受けて下さい］

(1) 必ず平たんな場所に保管して下さい。

(2) ビート板以外の重量物は乗せないで下さい。

(3) 湿気の少ない直射日光の当たらない場所で保管して下さい。

(4) 保管中は転倒しないようにロープ等で固定するなど十分注意して下さい。

(5) 塗装部にはがれがあれば早期に補修塗装をして下さい。

点検の難易度／★☆☆☆☆
誤使用の危険度／★★★☆☆

水　上　器　具

番号	名　称
①	吊下げ金具
②	キャップ
③	本体
④	水温計
⑤	貯水タンク

水温計

◯ 正しい使い方

(1) 吊下げ金具①に鎖・紐等で吊るしプール水を貯水タンク⑤に充分入れて読み取って下さい。その際、目線を目盛の位置と水平にして読み取って下さい。(正確な水温表示には1〜2分かかります)

(2) 水温計④は非常に薄いガラス管を使用しているため落下等の衝撃で割れる事があります。取扱には十分注意して下さい。

(3) 水温計はプール用です。海や川では使用できません。

(4) プール内に入れっぱなしでの使用は避けて下さい。

(5) 管理者を定め適切な指導のもとで使用し、本来の目的以外に使用しないで下さい。

◯ 安全点検の時期と内容

点検箇所	点検内容	定期点検時期	標準耐用年数
全体	メッキの剥離、サビ等がでていないかを確認する	3ヵ月	2年
水温計	割れ、アルコール液のとびがないかを確認する	1ヵ月	2年
溶接部	き裂、剥離がないかを確認する	3ヵ月	2年

※上記の点検内容にもとづいて日常点検をおこなって下さい。

※異状が確認された場合は直ちに使用を中止して、製造業者、または販売代理店にすみやかに連絡をとり、修理または交換等の適切な処置をして下さい。

◯ 維持管理について [専門業者によるメンテナンスを受けて下さい]

(1) 薬品による腐蝕等を少しでも防ぐため、使用後は必ず真水で水洗いし乾いた布等で拭いて下さい。

(2) 水温計のアルコール液は長時間日光等にさらしますと変色・脱色の原因となりますので注意して下さい。

(3) 直射日光の当たる場所、高温場所での保管は避けて下さい。

(4) 塗装部にはがれがあれば早期に補修塗装をして下さい。

残留塩素測定器

番号	名　　称
①	比色板
②	本体
③	測定用セル（ビーカー）

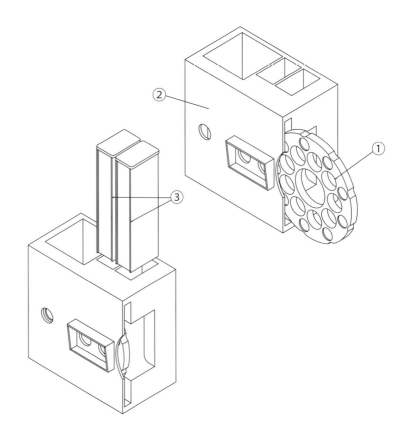

○ 正しい使い方

(1) 指示薬（試薬）は化学薬品です、取扱説明書に従い正しく測定して下さい。

(2) 測定後のセル（ビーカー）は内面・外面とも真水できれいに洗浄して下さい。

(3) 指示薬（試薬）が手に触れたり、眼に入った場合は速やかに洗浄して下さい。誤って飲み込んだ場合は指示薬を吐き出し、医師の診断を受けて下さい。

(4) 管理者を定め適切な指導のもとで使用し、本来の目的以外に使用しないで下さい。

○ 安全点検の時期と内容

点検箇所	点検内容	定期点検時期	標準耐用年数
本体	割れ、変形等がでていないかを確認する	２ヵ月	２年
ビーカー	割れ、変形、変色等がでていないかを確認する	１ヵ月	２年
比色板	割れ、変形、変色等がでていないかを確認する	３ヵ月	２年
指示薬	有効期間、残量を確認する	５日毎	有効期限内

※上記の点検内容にもとづいて日常点検をおこなって下さい。

※異状が確認された場合は直ちに使用を中止して、製造業者、または販売代理店にすみやかに連絡をとり、修理または交換等の適切な処置をして下さい。

○ 維持管理について［専門業者によるメンテナンスを受けて下さい］

(1) 使用後はケースに入れ、直射日光を避け冷暗所に保管して下さい。

(2) 指示薬（試薬）には有効期限があります。期限内の指示薬（試薬）で測定して下さい。

記入例

日常点検表（ 2022年 2月）

点検結果

点検箇所	点検内容	1	2	3	4	5	6	7	8	9	10	11	12	13	14	15	16	17	18	19	20	21	22	23	24	25	26	27	28	29	30	31
滑車・滑車軸	変形・摩耗	✓	✓	✓	✓	✓																										
	ボルトナットの緩み	✓	✓	✓	✓	✓																										
	滑車のガタツキ	✓	✓	✓	✓	✓																										
支柱	変形・曲がり	✓	✓	✓	✓	✓																										
	上下時の抵抗	✓	✓	✓	✓	✓																										
	上下時の異常音	✓	✓	✓	✓	✓																										
高さ調節金具	変形・破損	✓	✓	✓	✓	✓																										
ネット巻き	摩耗・破損	✓	✓	✓	✓	✓																										
	異常音	✓	✓	✓	✓	×																										
	ズレ	✓	✓	✓	✓	✓																										
床金具	基礎のぐらつき	✓	✓	✓	✓	✓																										
	破損	✓	✓	✓	✓	✓																										
	変形	✓	✓	✓	✓	✓																										

品目：バレー支柱　　　　メーカー：スポーツ器具社

点検者：用器具太郎　印　　購入日：令和1年1月20日

摘要

※5日「ネット巻」から異常音が確認されたため、取説に従い油を注入し改善させた」

日 常 点 検 表 （ 　 年 　 月）

点 検 箇 所	点 検 内 容	点 検 結 果																														
		1	2	3	4	5	6	7	8	9	10	11	12	13	14	15	16	17	18	19	20	21	22	23	24	25	26	27	28	29	30	31

品 目 ：　　　　　　　　　　　　　　　メーカー：

点検者 ：　　　　　　　　　印　　　　購 入 日 ：

摘要

編集後記

　本書「事故防止のためのスポーツ器具の正しい使い方と安全点検の手引き」は、平成5年の初刊から29年間幾度かの改訂を経て、第4版の発刊をする運びとなりました。

　初版を刊行された先輩方の偉業に敬意を表するとともに、今回、未曽有のコロナ禍環境下での改訂作業を任された専門委員会諸氏の努力に心から御礼を申し上げる次第です。

　スポーツ器具を使っての運動には、常に怪我が発生する可能性を含んでいます。事故を防止し安全・安心にスポーツを楽しむために、器具の正しい使い方遵守と、特に経年劣化等による器具自体の異常を発見し正常に戻し使用することが大変重要です。

　今回の改訂では、学校や社会体育施設での事故事例も参考にし、視覚で理解できるように器具図面を配置し、加えて点検に関して充実を主に編集いたしました。しかしながら本書は万全ではなく、専門的な知識、技術を要する器具に関してはその専門業者にお願いします。

　安全にスポーツを楽しんでいただけるように、われわれ部会器具メーカーは安全性を第一に製造し利用者の皆様にお届けしています。他方、関係諸団体では、安全性を確保するために、「事故防止のためのスポーツ器具の正しい使い方と安全点検の手引き」を活用され指導、啓蒙活動をされております。現状では器具の誤った使い方同様に、経年劣化した器具の継続使用での事故が発生しており点検業務の重要性が叫ばれております。

　今回の改訂作業中、世の中ではコロナ禍で在宅勤務等働き方に変化が現れ、この傾向はコロナ禍終息後も続くのではないかと言われています。従来の就業時間を身近なスポーツに使う時間が増えるとしたら、スポーツ器具使用の安全性はより重要になってくるであろうと思われます。今後も時代に合わせて改訂して参る所存です。

　本書発刊の目的は、スポーツ器具を安全に使用して、スポーツを安心して楽しめる環境づくりです。スポーツを愛する皆様のお役にたてば幸いです。

公益財団法人日本スポーツ施設協会　施設用器具部会　幹事長　村川　和夫

あとがき

"コロナの時代"、そのように呼んでも誰も異議を唱えることはできないのではないだろうか。いまこれを書いている最中にあっても、デルタ株からオミクロン株へとその隆盛は移り変わり、東京などの首都圏では一日あたりの感染者が一万人を優に超えても驚くことはなくなってきている。あるいは、これを読んでいただいているときには、また別の株へと推移していて、さらに感染力が高まっているものであったり、もしくは重篤な症状を引き起こすタイプへと変異を遂げている事態となっているのかもしれない。

こうした環境下のもと、改訂にあたってはウェブ、リモートなどを活用してのオンライン会議を行い、それでも必要に応じては会議室の対面会議を実施して作業にあたることを厭わざることもなかったことを考えると、これまでの改訂作業にまして多くの困難と障壁があったと思えてならない。ことに編集作業では、微妙なニュアンスや伝え方の細部の表現方法などでは、どうしても対面といった人的要素の効果の持つ力を実感したとも言えたのでした。

作業チームはそうした中で、わかりやすいイラストを主とした表現や名称の用い方にも着眼して新しい方法などを模索しながら、これまでの蓄積を活かした改訂へと結びつけることができたといえるでしょう。

最初に触れたように、まさにこの"コロナの時代"、ある意味そんなコロナに蹂躙されているのかのようでもある。しかし、「それでも地球は回っている」ではないけれど、たとえコロナであっても世界は動いているのであって、必要不可欠な市民生活は脈々と営まれていて、人々が生きてゆくために、求めているものは絶え間なく続いているのである。

スポーツは紛れもなくその一つでしょう。

東京オリンピック、それぞれの立場や個人的に持っている背景などから、その賛否はあるのだろうけど、実際に行われたのは事実であり、いくつかの新しい記録が生み出され、多くの人々が感動を得たと表明したのも事実である。

スポーツ、体育運動は人々の営みとして不可欠であることは事実である。コロナの時代を迎えようとも、変異株の猛威に翻弄されようとも、粛々とスポーツにいそしみ、黙々と練習に励む、そのスポーツに用いるもの、スポーツの施設や用器具を安全に使っていただくためにこの『事故防止のためのスポーツ器具の正しい使い方と安全点検の手引き』をぜひとも活用していただきたい。

公益財団法人日本スポーツ施設協会 施設用器具部会 副部会長　小川 隆

編集者一覧

中野 一寿 ……………………… ㈱エバニュー

小川 隆 ……………………… ㈱小川長春館

吉川 昌宏 ……………… ㈱関西金属運動具製作所

多田 忍 ………………………………… ㈱三英

村川 和夫 ……………………… 三和体育製販㈱

角谷 慈樹 ……………………………… セノー㈱

中島 正太 ……………………………… セノー㈱

首藤 駿典 ……………………………… セノー㈱

都村 真子 ……………………… ㈱都村製作所

千田 清二 ……………………… テイエヌネット㈱

近藤 英光 ……………………… トーエイライト㈱

堀 俊一 ……………………… ㈱ニシ・スポーツ

舟岡 修慈 ……………………… ㈱舟岡製作所

市原 育明 ……………………………… ㈱モルテン

岩藤 浩司 ……………………………… ㈱ルイ髙

小見山 秀生 ……………………… ㈱体育施設出版

公益財団法人日本スポーツ施設協会施設用器具部会
会員名簿

※体育施設器具の新規購入、点検、修理等のご相談は信用ある会員会社へお申し付け下さい。

No.	会員名	所在地／TEL／FAX	代表者	担当者
1	石井化成工業㈱	〒332-0004　埼玉県川口市領家 1-10-8 TEL.048-223-5148　FAX.048-224-3467	紀平　孝美	海老澤　泰幸
2	イノコ㈱	〒492-8137　愛知県稲沢市国府宮 4-8-3 TEL.0587-32-1728　FAX.0587-23-5691	猪子　哲司	下町　幸弘
3	㈱ウエサカ ティー・イー	〒130-0004　東京都墨田区本所 4-28-8 TEL.03-3622-8171　FAX.03-3622-8175	上坂　忠正	上坂　忠正
4	㈱エバニュー	〒136-0075　東京都江東区新砂 1-6-35 TEL.03-3649-4611　FAX.03-3645-1695	岩井　大輔	岩井　大輔
5	大久保体器㈱	〒703-8214　岡山県岡山市東区鉄 409 TEL.086-279-0585　FAX.086-279-0460	安田　透	安田　憲太
6	㈱小川長春館	〒721-0942　広島県福山市引野町 5-4-23 TEL.084-941-0230　FAX.084-941-3099	小川　隆	小川　隆
7	㈱関西金属運動具製作所	〒111-0036　東京都台東区松が谷 2-7-9 TEL.03-3841-6604　FAX.03-3841-9287	吉川　昌宏	吉川　昌宏
8	㈱九州体育施設	〒877-0053　大分県日田市大字高瀬 1005-1 TEL.0973-23-7729　FAX.0973-24-4334	頓宮　正敏	頓宮　正敏
9	後藤体器㈱	〒870-0242　大分県大分市角子南 1-2-18 TEL.097-521-5100　FAX.097-521-5105	後藤　芳正	後藤　芳正
10	㈱三英	〒270-0119　千葉県流山市おおたかの森北 1-8-6 TEL.04-7153-1511　FAX.04-7153-3627	三浦　慎	多田　忍
11	三和体育製販㈱	〒332-0027　埼玉県川口市緑町 9-15 TEL.048-255-6121　FAX.048-251-1800	村川　和夫	村川　和夫
12	セノー㈱	〒270-2214　千葉県松戸市松飛台 250 TEL.047-385-1111　FAX.047-385-1123	山本　泰広	角谷　慈樹
13	タカオ㈱	〒108-0023　東京都港区芝浦 3-14-6 TEL.03-3452-5505　FAX.03-3457-7380	高尾　典秀	高尾　典秀
14	竹井機器工業㈱	〒956-0113　新潟県新潟市秋葉区矢代田 619 TEL.0250-38-4131　FAX.0250-38-2755	堀　幹雄	石川　孝司
15	㈱淡野製作所	〒577-0805　大阪府東大阪市宝持 1-4-21 TEL.06-6721-1379　FAX.06-6724-4409	淡野　彰夫	淡野　彰夫
16	㈱都村製作所	〒766-0004　香川県仲多度郡琴平町榎井 590 TEL.0877-73-2251　FAX.0877-73-2084	都村　尚志	都村　真子
17	テイエヌネット㈱	〒136-0071　東京都江東区亀戸 4-45-15 TEL.03-3637-3232　FAX.03-3683-2580	行木　恭子	千田　清二
18	トーエイライト㈱	〒340-0022　埼玉県草加市瀬崎 5-24-11 TEL.048-921-1211　FAX.048-921-1311	大江　英樹	大江　俊英
19	ナガセケンコー㈱	〒131-8520　東京都墨田区墨田 2-35-6 TEL.03-3614-3502　FAX.03-3614-0730	星　久美	橋本　茂樹
20	㈱中村体育	〒386-1213　長野県上田市古安曽 3372-1 TEL.0268-75-5585　FAX.0268-75-5595	山邉　正重	渡辺　信秀
21	㈱ニシ・スポーツ	〒136-0075　東京都江東区新砂 3-1-18 TEL.03-6369-9037　FAX.03-6369-9065	若林　忠晴	濱野　善則
22	㈱舟岡製作所	〒130-0011　東京都墨田区石原 4-34-2 TEL.03-3624-0551　FAX.03-3622-6572	舟岡　常雄	舟岡　修慈
23	ミズノ㈱	〒559-8510　大阪府大阪市住之江区南港北 1-12-35 TEL.06-6614-8188　FAX.06-6614-8343	水野　明人	芋野　隆幸
24	㈱モルテン	〒130-0003　東京都墨田区横川 5-5-7 TEL.03-6671-9351　FAX.03-3625-0627	民秋　清史	坂本　英紀
25	吉田体機工業㈱	〒545-0043　大阪府大阪市阿倍野区松虫通 3-8-4 TEL.06-6661-0900　FAX.06-6661-0901	吉田　正樹	吉田　正樹
26	㈱ルイ髙	〒167-0052　東京都杉並区南荻窪 4-10-12 TEL.03-3334-1101　FAX.03-3331-7438	松井　基展	岩藤　浩司

事故防止のための
スポーツ器具の正しい使い方と
安全点検の手引き

改訂第4版

平成5年5月6日　　　　初版発行
平成13年12月14日　　第2版発行
平成21年9月10日　　　第3版発行
平成25年2月28日　　　第3版（増補第2刷）発行
令和4年3月29日　　　　第4版発行

企画編集・発行　　**一般社団法人日本スポーツ用品工業協会**
　　　　　　　　　〒101-0052 東京都千代田区神田小川町3-28-9 三東ビル4F
　　　　　　　　　TEL03-3219-2041

　　　　　　　　　公益財団法人日本スポーツ施設協会 施設用器具部会
　　　　　　　　　〒170-0002 東京都豊島区巣鴨2-7-14 巣鴨スポーツセンター別館3F
　　　　　　　　　TEL03-5972-1982

発　売　元　　　　**株式会社体育施設出版**
　　　　　　　　　〒105-0014 東京都港区芝2-27-8 VORT芝公園1F
　　　　　　　　　TEL03-3457-7122

ISBN978-4-924833-74-6 C3075 ¥3000E　　定価3,300円（本体3,000円）